Eine Governance-Theorie des Kleinstaats

AF148253

Sebastian Wolf

Eine Governance-Theorie des Kleinstaats

 Springer VS

Sebastian Wolf
MSB Medical School Berlin
Berlin, Deutschland

ISBN 978-3-658-30442-3   ISBN 978-3-658-30443-0   (eBook)
https://doi.org/10.1007/978-3-658-30443-0

Die Deutsche Nationalbibliothek verzeichnet diese Publikation in der Deutschen Nationalbibliografie; detaillierte bibliografische Daten sind im Internet über http://dnb.d-nb.de abrufbar.

Planung/Lektorat: Jan Treibel
Springer VS ist ein Imprint der eingetragenen Gesellschaft Springer Fachmedien Wiesbaden GmbH und ist ein Teil von Springer Nature.
Die Anschrift der Gesellschaft ist: Abraham-Lincoln-Str. 46, 65189 Wiesbaden, Germany

Vorwort

Das vorliegende Werk ist das (Zwischen-)Ergebnis von etwa zehn Jahren kleinstaatentheoretischer Forschung. Bei der Verschriftlichung wurde inhaltlich und textlich in größerem Umfang auf zwei Publikationen des Verfassers zurückgegriffen, die nicht als Artikel in einer Fachzeitschrift oder in Buchform vorliegen: die seinerzeit explizit auf Weiterentwicklung angelegte Studie „Elemente einer makropolitischen Theorie des Kleinstaats", erschienen als Arbeitspapier Nr. 42 des Liechtenstein-Instituts (Wolf 2013), und die Untersuchung „Governance im Kleinstaat. Theorie und Empirie von Regelungsmechanismen in der liechtensteinischen Gesetzgebung", als Manuskript abrufbar über *ResearchGate* (Wolf 2020). Kap. 1 dieser Monographie basiert punktuell auf Kap. 1 von Wolf (2020), Kap. 2 basiert teilweise auf den Abschn. 2.1 und 2.2 von Wolf (2020), Abschn. 3.1 basiert zum Teil auf den Abschn. 2.1 und 2.2 von Wolf (2013), Abschn. 3.2 basiert partiell auf Abschn. 2.3 von Wolf (2013), Abschn. 3.3 basiert teilweise auf Abschn. 3.2 von Wolf (2020), die Kap. 4 und 5 basieren in Teilen auf den Kap. 3 und 4 von Wolf (2013), Kap. 6 basiert partiell auf Abschn. 3.3 von Wolf (2020), Kap. 7 basiert zum Teil auf den Kap. 4 und 6 sowie den Abschn. 2.1 und 2.3 von Wolf (2020) und Kap. 8 basiert teilweise auf Kap. 4 und den Abschn. 3.1 und 6.1 von Wolf (2020). Das vorliegende Buch erweitert oder modifiziert die Inhalte der verarbeiteten Vorstudien zum Teil erheblich und bringt sie in eine neue Systematik.

Im Folgenden gelten maskuline Funktions- und Status-
bezeichnungen in der Regel für alle Geschlechter. Der Verfasser
hat sich im Übrigen um eine verständliche Sprache bemüht, auch
wenn dies vielleicht nicht durchgehend gelungen ist. Immerhin
wird in den folgenden Kapiteln davon abgesehen, „wenigstens
der hohen Interdependenz von Merkmalskonfigurationen
dadurch teilweise gerecht zu werden, indem […] auf der Ebene
der Interpretation versucht wird, der Interdependenz verschiedener Aspekte durch eine entsprechend differenzierte
Architektur der textlichen Strukturierung Rechnung zu tragen,
die sich vom Globalaufbau in die drei Linien empirischer Analyse über die innere Struktur der einzelnen Kapitel bis in die
Tendenz hinein erstreckt, die Regeln der sprachlichen Syntax
für die Konstruktion relativ komplizierter Satzformen zu
strapazieren" (Geser 1981, S. 85). Dem in der einschlägigen
englischsprachigen Literatur viel zu wenig gewürdigten Hans
Geser sei an dieser Stelle nicht nur für seine Wortakrobatik,
sondern vor allem für seine herausragenden kleinstaatentheoretischen Studien gedankt, die kaum an Aktualität eingebüßt
haben und von denen das vorliegende Werk sehr profitiert hat.

Der Verfasser dankt dem Liechtenstein-Institut dafür, dass
er in Bendern in den Jahren 2011 bis 2016 sehr inspirierend,
eigenständig und in interdisziplinärem Austausch forschen
durfte. Christian Frommelts und Wilfried Marxers konstruktive
Kritik an der Untersuchung Wolf (2020) hat die vorliegende
Monographie bereichert. Der Verlag Springer VS, der bereits
den vom Verfasser herausgegebenen einschlägigen Band „State
Size Matters. Politik und Recht im Kontext von Kleinstaatlichkeit und Monarchie" (Wolf 2016c) publiziert hat, erklärte sich
erfreulicherweise schnell bereit, auch das vorliegende Werk ohne
Druckkostenzuschuss und in gewohnt professioneller Weise zu
veröffentlichen. Diesbezüglich sei Jan Treibel und seinen Mit-
arbeitern ausdrücklich gedankt.

Konstanz   Sebastian Wolf
im April 2020

Inhaltsverzeichnis

Einleitung

Zahlreiche Variablen können Auswirkungen auf die innerstaatliche Politik und die Governance-Formen eines Regierungssystems haben (vgl. Ott 2000, S. 87). Aus diesem Grund steht die theorieorientierte Politikforschung vor der Aufgabe, möglichst viele Phänomene mit möglichst wenigen Faktoren zu erklären (King et al. 1994, S. 29). Die politikwissenschaftliche Kleinstaatentheorie sieht kleine Länder als eine analytische „Kategorie sui generis" an (Kirt und Waschkuhn 2001, S. 39) und geht grundsätzlich davon aus, dass geringe Staatsgröße als unabhängige Variable spezifische Auswirkungen auf unterschiedliche Merkmale des Gemeinwesens als abhängige Variablen haben kann, dass also gegebenenfalls „the nature of government changes with scale" (Baker 1992, S. 6). Unter welchen Umständen sich welche Formen von Kleinstaatlichkeit in welcher Art und Weise auf welche politischen und sozialen Phänomene auswirken, ist bislang nur bruchstückhaft untersucht worden: „as a group of cases small states clearly remain under-researched (Veenendaal und Wolf 2016, S. 277).

Die theoretische Analyse kleiner politischer Systeme ist in den modernen Sozialwissenschaften wohl schon immer ein eher randständiger Forschungsgegenstand gewesen. Dennoch hat es den Anschein, dass die systematische Erforschung kleinstaatlicher Gebilde in den letzten drei Dekaden des 20. Jahrhunderts noch etwas stärker ausgeprägt war als in den ersten zwei

© Springer Fachmedien Wiesbaden GmbH, ein Teil von Springer Nature 2020
S. Wolf, *Eine Governance-Theorie des Kleinstaats,*
https://doi.org/10.1007/978-3-658-30443-0_1

Jahrzehnten des derzeitigen Jahrhunderts (vgl. etwa die umfangreiche Diskussion der einschlägigen Literatur bei Veenendaal
2013a). Insgesamt wird die politikwissenschaftliche Kleinstaatenforschung immer noch stark von der Analyse kleinstaatlicher Außenpolitik geprägt (vgl. beispielsweise den Überblick
bei Thorhallsson 2018). Phänomene der innerstaatlichen Entscheidungsfindung in kleinen politischen Systemen erscheinen
weniger gut erforscht. Bisher wurde das analytische Konzept
des Kleinstaats auch kaum mit der Governance-Forschung
verknüpft, die in den letzten Jahren auffallend „trendy"
war (Schuppert 2011, S. 9). Dabei macht die Offenheit des
Governance-Begriffs „seine Übernahme in unterschiedlichste
Probleme und Bereiche möglich" (Walk 2008, S. 34).

Die vorliegende Abhandlung möchte zur Schließung der
skizzierten Forschungslücken vor allem aus einer theoretischen
und theoriegesättigten Perspektive beitragen.[1] In diesem
Zusammenhang ist es wohl kaum möglich, *die* Governance-
Theorie des Kleinstaats zu verfassen. Bereits die drei zentralen
Begriffe Governance, Kleinstaat und Theorie sind jeweils für
sich wie auch in Kombination derart unterschiedlich interpretier-
bar, dass von einer Pluralität potentieller Governance-Theorien
des Kleinstaats ausgegangen werden muss. Wenn im Folgenden
aus Gründen der Einfachheit von *der* politikwissenschaftlichen
Kleinstaaten- und/oder Governance-Theorie die Rede ist, wird
damit nicht die Vielfalt bestehender oder möglicher theoretischer
Ansätze geleugnet. Der Titel des Buches lautet denn auch:
„Eine Governance-Theorie des Kleinstaats". Angesichts der
faktischen Heterogenität kleiner Regierungssysteme kann
eine solche Theorie wohl von vornherein nicht den Anspruch
erheben, deterministische Annahmen für sämtliche Kleinstaaten
zu formulieren: „To state anything meaningful about the politics

---

[1]In dieser Arbeit werden auch wichtige Studien von deutschsprachigen
Kleinstaatentheoretikern wie Hans Geser und Arno Waschkuhn reflektiert,
die in der englischsprachigen Literatur kaum Berücksichtigung finden (vgl.
zu dieser Problematik Veenendaal und Wolf 2016, S. 282).

of all of them is to stretch the bounds of credibility to the limit"
(Sutton 1987, S. 8).

Das zweite Kapitel erläutert zunächst Forschungsfrage,
Erkenntnisinteresse und Relevanz dieser Monographie ausführlicher. Im Anschluss wird auf den Forschungsstand und
die Forschungslücken näher eingegangen. Nach diesen Aus-
gangspunkten stehen wissenschaftliche Konzepte im Zentrum
des dritten Kapitels. Hier werden die Begriffe Theorie, Kleinstaat und Governance eingehend erörtert. Das vierte Kapitel
formuliert sieben Grundprämissen einer politikwissenschaftlichen Kleinstaatentheorie. Darauf aufbauend leitet das fünfte
Kapitel aus verschiedenen theoretischen Versatzstücken (vgl.
Dörnemann 2003, S. 5) und empirischen Studien etliche
Annahmen zur Politik in kleinen Regierungssystemen ab,
gegliedert nach den Dimensionen polity, politics und policy.

Im Unterschied zu induktiven Ansätzen der Governance-
Forschung (vgl. hierzu Zürn 2008, S. 574) deduziert das
sechste Kapitel Annahmen zu Governance im Kleinstaat. Hierfür werden ausgewählte kausalanalytische Aussagen aus dem
fünften Kapitel verarbeitet. Das siebte Kapitel wendet die
zuvor entwickelten theoretischen Annahmen exemplarisch
auf ein kleines Regierungssystem an. Liechtenstein eignet
sich als „most-likely"-Fall besonders gut für eine solche
kursorische Analyse, denn es muss „in praktisch jeder denkbaren intrinsischen und relationalen Hinsicht als ‚klein' gelten"
(Geser 1992, S. 631). Das letzte Kapitel fasst unter anderem
die theoretischen Annahmen zusammen und unterbreitet einige
konzeptionelle Gedanken zur empirischen Überprüfung und
Weiterentwicklung der hier präsentierten Governance-Theorie
des Kleinstaats.

Ausgangspunkte 2

2.1 Forschungsfrage, Erkenntnisinteresse und Relevanz der Studie

Bereits die Formulierung einer überzeugenden Forschungs-frage gehört zu den „Kernprobleme[n] des Forschungsdesigns" (Gschwend und Schimmelfennig 2007, S. 14–15). Gelegent-lich wird in den Sozialwissenschaften darauf hingewiesen, dass eine gute forschungsleitende Frage nicht (nur) eine deskriptive Dimension aufweisen sollte („*Wie* ist etwas?"), sondern sich vor allem durch eine kausalitäts- bzw. erklärungsorientierte Perspektive auszeichne („*Warum* ist etwas so, wie es ist?"). Nach dieser Ansicht ist es das primäre Ziel empirischer Sozial-forschung, Kausalmodelle bzw. Theorien mit falsifizierbaren Annahmen zu entwickeln, die über die bloße Betrachtung von Einzelphänomenen hinausgehen und dazu beitragen, die Komplexität der uns umgebenden Welt zu reduzieren und besser begreifbar zu machen (King et al. 1994, S. 8–9). Aus diesem Blickwinkel stellt die reine Sammlung und Präsentation empirischer Daten ein „Mittel zum Zweck dar und nicht den Zweck selbst" (Plümper 2012, S. 67). In bislang kaum bearbeiteten oder erschlossenen Forschungsgebieten kann allerdings bereits das Generieren, Sammeln und Aufbereiten relevanter Daten als wissenschaftlich bedeutsam betrachtet werden, denn Daten sind „prerequisites to explanation" (King et al. 1994, S. 15). Eine überzeugende Forschungsfrage sollte

© Springer Fachmedien Wiesbaden GmbH, ein Teil von Springer Nature 2020
S. Wolf, *Eine Governance-Theorie des Kleinstaats*,
https://doi.org/10.1007/978-3-658-30443-0_2

zudem möglichst gesellschaftliche und wissenschaftliche Relevanz aufweisen (Gschwend und Schimmelfennig 2007, S. 15). Gesellschaftliche Relevanz liegt in der Regel dann vor, wenn der Untersuchungsgegenstand für wesentliche Aspekte und insbesondere Probleme des sozialen Zusammenlebens von nicht unerheblicher Bedeutung ist (King et al. 1994, S. 15). Wissenschaftlich relevante Forschung optimiert den Forschungsstand vor allem durch neue oder verbesserte theoretische Erkenntnisse (vgl. Neumann und Gstöhl 2006, S. 28; Plümper 2012, S. 71).

Vor diesem Hintergrund lautet die forschungsleitende Fragestellung des vorliegenden Werks: „Wie wirkt sich Kleinstaatlichkeit aus welchen Gründen und unter welchen Umständen auf innerstaatliche Politik und Governance-Formen aus?". Das wissenschaftliche „Puzzle" (vgl. George und Bennett 2005, S. 74) dieser Studie legt demnach einen x-zentrierten Forschungsansatz nahe.[1] Ein solcher hat idealtypisch „das Ziel, die Richtung, Stärke und Robustheit der kausalen Wirkung einer oder einiger weniger unabhängiger Variablen [...] auf eine abhängige Variable [...] zu bestimmen" (Gschwend und Schimmelfennig 2007, S. 21). Dieses Buch verfolgt somit ausdrücklich keine y-zentrierte Perspektive, bei der es darum ginge, Politik und Governance-Formen in kleinen Staaten „so genau und vollständig wie möglich zu erklären" (Gschwend und Schimmelfennig 2007, S. 21). Im Zentrum der Überlegungen steht die Erklärungskraft des Faktors „Kleinstaatlichkeit" – in vollem Bewusstsein, dass diese Variable höchstens teilweise für Politik und Governance-Formen in realen Kleinstaaten verantwortlich ist.

Die gesellschaftliche Relevanz des vorliegenden Werks ergibt sich zum einen aus der Tatsache, dass die Zahl der Kleinstaaten weltweit schon seit einiger Zeit tendenziell zunimmt (Geser 1992, S. 627). In Kleinstaaten lebende Menschen haben wohl ein intrinsisches Interesse (vgl. King et al. 1994, S. 14) an mehr und

---

[1]In sozialwissenschaftlichen kausal-analytischen Modellen steht x üblicherweise für (die) unabhängige Variable(n), y für (die) abhängige Variable(n) (siehe etwa Plümper 2012, S. 72).

besseren Erkenntnissen über politische Prozesse in Regierungs-systemen von geringer Größe, das heißt an theoretischem Wissen, wie kollektiv verbindliche Entscheidungen in ihren Gemeinwesen auf bestimmte Art und Weise zustande kommen. Zum anderen dürften entsprechende Forschungsergebnisse aber auch für Bewohner größerer Länder von Interesse sein (vgl. Neumann und Gstöhl 2006, S. 28). So sollte etwa die Bedeutung kleiner Staaten in den internationalen Beziehungen nicht unter-schätzt werden (vgl. Hoffmann 2016; Ingebritsen 2006), was für die Erforschung auch der internen Governance-Formen und Regelungsmechanismen dieser Länder spricht (Veenendaal und Wolf 2016, S. 282–283).

Angesichts des bislang eher geringen Stellenwerts von Klein-staaten in der politik- und sozialwissenschaftlichen Forschung stellt sich die nicht ganz unberechtigte Frage nach der wissen-schaftlichen Relevanz der vorliegenden Studie. „The small state approach never became a ‚hit', i.e. that sort of fashionable approach which attracts the attention of the ‚big shots' within the discipline" (Christmas-Møller 1983, S. 39). Diese Ein-schätzung dürfte kaum etwas von ihrer Aktualität verloren haben (Wolf 2016a, S. 1). Nach Ansicht von Kirt und Waschkuhn (2001, S. 24) gelten Kleinstaaten-Forscher „als Außenseiter der Branche".[2] Die strukturelle Vernachlässigung kleiner Länder in der Forschung ist allerdings wissenschaftlich grundsätzlich nicht zu rechtfertigen: „A social science worthy of the name takes its entire universe of cases seriously" (Neumann und Gstöhl 2006, S. 28). Zudem folgt aus der Randständigkeit oder wie auch immer begründeten Unattraktivität eines Forschungsgegenstands nicht notwendigerweise dessen fehlende wissenschaftliche

---

[2]Anekdotische Evidenz für diese Auffassung liefert beispielsweise Schneider (2011, S. 341) mit seiner wohl ironisch gemeinten Aussage, faulen Wissenschaftlern drohe dereinst als Strafe in einem akademischen Fegefeuer u. a. „an obligation to grade (every day!) a thesis on the foreign policies of Liechtenstein and Andorra from 1973 to 1974". Auf ähnlichem Humorniveau bewegt sich die Bemerkung von Streeten (1993, S. 197), für Mini-Staaten wie Malta sei es vielleicht angemessen „to have Mini-sters and even a Prime Mini-ster".

Relevanz. Ein Forschungsprojekt sollte vielmehr „*make a specific contribution to an identifiable scholarly literature by increasing our collective ability to construct verified scientific explanations of some aspect of the world*" (King et al. 1994, S. 15, kursiv im Original). Vor diesem Hintergrund besteht die wissenschaftliche Relevanz der vorliegenden Arbeit darin, ausgehend von der skizzierten Forschungsfrage einen spezifischen – wenn auch freilich begrenzten – Beitrag zur einschlägigen Fachliteratur (vgl. 2.2) in Form fundierter Annahmen und reflektierter Aussagen zu leisten, insbesondere zur Kleinstaatentheorie und zur politikwissenschaftlichen Governance–Literatur.

Mit der Nennung der zentralen Forschungsfrage sowie der (angestrebten) gesellschaftlichen und wissenschaftlichen Relevanz dieses Werks ist dessen Erkenntnisinteresse bereits weitgehend skizziert. Zudem soll hier versucht werden, Kleinstaatenforschung und Governance-Forschung innovativ und zweckmäßig zu verknüpfen. Diese Arbeit geht von der im weiteren Verlauf noch ausführlicher darzulegenden konzeptionellen Prämisse aus, dass sich aus der Kleinstaatentheorie kausalanalytische – wenn auch kaum deterministische – Annahmen ableiten lassen, die mit etablierten Kategorien der Governance–Literatur vorteilhaft für die politikwissenschaftliche Theoriebildung kombiniert werden können (vgl. bereits Wolf 2016b).

Schließlich soll bereits an dieser Stelle kurz umrissen werden, was die vorliegende Arbeit *nicht* zu leisten oder zu sein beabsichtigt. Es wird im Folgenden insbesondere nicht der Anspruch erhoben, allgemeingültige Begriffsverständnisse und Konzepte von Theorie, Kleinstaat und Governance zu verwenden (vgl. Kap. 3), sämtliche kleinstaatentheoretische Grundprämissen herauszuarbeiten (vgl. Kap. 4) und alle möglichen Annahmen zu kleinstaatlicher Politik und Governance zu diskutieren (vgl. Kap. 5 und 6). Der kursorische Exkurs über Liechtenstein dient nicht einer möglichst vollständigen Darstellung und Erklärung des politischen Systems des Fürstentums, sondern einer exemplarischen Anwendung einiger zuvor herausgearbeiteter theoretischer Annahmen (vgl. Kap. 7). Schließlich erhebt das Schlusskapitel nicht den Anspruch, umfassende

Forschungsdesigns zur empirischen Überprüfung und Weiterentwicklung der Theorie zu präsentieren (vgl. Kap. 8).

Diese Studie zielt vorrangig darauf ab, eine in ihren Teilannahmen grundsätzlich falsifizierbare, also primär empirisch-
analytisch orientierte Governance-Theorie des Kleinstaats zu
entwerfen. Vor diesem Hintergrund wird – anders als etwa bei
Veenendaal (2013a) – auf normative Erwägungen, die beispielsweise kleinstaatliche Governance-Formen und Regelungsmechanismen aus demokratietheoretischer Sicht bewerten,
weitgehend verzichtet. Auch eine Effizienzanalyse kleinstaatlicher politischer Prozesse oder einzelner Regierungssysteme
ist kein Ziel der vorliegenden Untersuchung. Der folgende
Abschnitt arbeitet mit Blick auf den Forschungsstand genauer
heraus, inwieweit die kleinstaatentheoretische Arbeit zu
„theory-formation in political science" (Christmas-Møller 1983,
S. 36) beitragen möchte.

2.2 Forschungsstand

Für diese Studie sind insbesondere drei größere Forschungs-
bereiche und Literaturbestände von Bedeutung: kleinstaatentheoretische Arbeiten, weil sie die Ableitung oder Übernahme
kausalanalytischer Annahmen für politische Prozesse und Formen
der Entscheidungsfindung in kleinen Regierungssystemen
ermöglichen (2.2.1); Ansätze aus der sozialwissenschaftlichen
Governancetheorie, da sie wichtige Konzepte und Typologien zur
Untersuchung von politisch-administrativen Regelungsmechanismen liefern (2.2.2); und die Literatur zum politischen System
Liechtensteins, um für den Exkurs in Kap. 7 auf bestehenden
Untersuchungen aufbauen und die theoretischen Ergebnisse der
vorliegenden Arbeit exemplarisch anwenden zu können (2.2.3).

Es ist zum einen wohl kaum leistbar und zum anderen vermutlich wenig zielführend, an dieser Stelle den entsprechenden
Forschungsstand jeweils möglichst vollständig darzustellen.
Die folgenden Ausführungen konzentrieren sich daher auf eher
kurze, überblicksartige Nennungen besonders einschlägiger

Forschungsteilbereiche, Wissensbestände und beispielhafter
Werke. Daran anknüpfend sollen Forschungslücken identifiziert und der intendierte Mehrwert der vorliegenden Studie
beschrieben werden (2.2.4). Auf bestimmte für die Arbeit
besonders relevante Annahmen, Erkenntnisse und Konzepte
sowie die entsprechende Literatur wird in späteren Kapiteln ausführlicher eingegangen.

2.2.1 Kleinstaatentheorie

Primär normative Kleinstaatentheorien (z. B. Kohr 1995;
Schumacher 1989) haben, ob sie Kleinstaatlichkeit nun als eher
positiv oder negativ ansehen, bisher relativ wenig Bedeutung
erlangt und spielen für die vorliegende, empirisch-analytisch
orientierte Arbeit keine Rolle (vgl. 3.1). Unter Kleinstaatenforschung im weiteren Sinne kann man Länderstudien sub-
sumieren, die sich sozialwissenschaftlich mit einzelnen oder
mehreren Klein- und/oder Mikrostaaten beschäftigen (zu den
Begriffen siehe 3.2), ohne deren geringe Größe systematisch
und generalisierend als zentralen Untersuchungsgegenstand
und kausalen Faktor zu betrachten (vgl. Veenendaal 2013a,
S. 46). Ein Beispiel hierfür ist die Studie von Marcinkowski
und Marxer (2010), bei der medien- bzw. kommunikations-
theoretische und (direkt-)demokratische bzw. demokratie-
theoretische Überlegungen im Vordergrund stehen, während
genuin kleinstaatentheoretische Aspekte und Fragestellungen
eher nachrangig behandelt werden. Sozialwissenschaftliche
Kleinstaatenforschung im engeren Sinne stellt dagegen primär
die (unabhängige) Variable Kleinstaatlichkeit in den Mittelpunkt
von Erkenntnisinteresse (vgl. Bray 1991, S. 119) und – vorrangig x-zentriertem – Forschungsdesign (Wolf 2016a, S. 2).
Angesichts der oben (2.1) formulierten zentralen Forschungsfrage ist diese Arbeit der so verstandenen Kleinstaatenforschung
im engeren Sinne zuzuordnen.

    In den 1970er Jahren konstatierte Höll (1978, S. 259), das
„wissenschaftliche Interesse an der spezifischen Problematik
von Kleinstaaten [...] hat nicht zu einem kontinuierlichen

Forschungsprozess geführt". Dörnemann (2003, S. 15) lieferte ein Vierteljahrhundert später eine desaströse Beschreibung des einschlägigen Forschungsstands: „Klein- oder Mikrostaatentheorien im engeren Sinne gibt es nicht, und ein kontinuierlicher, aufbauender Forschungsprozess lässt sich nicht erkennen". Der zweite Teil dieser Aussage erscheint überzeugender als der erste (vgl. Neumann und Gstöhl 2006, S. 15), trifft aber wohl auch auf andere eher randständige politikwissenschaftliche Forschungsgebiete zu.

Ein Grund für die zögerliche und bruchstückhafte Entwicklung der sozialwissenschaftlichen Kleinstaatenforschung dürfte nicht zuletzt die disziplinäre, territoriale und sprachliche Zersplitterung der entsprechenden scientific community sein (Neumann und Gstöhl 2006, S. 22, 29; Veenendaal und Wolf 2016, S. 282). Ein „kontinuierlicher, aufbauender Forschungsprozess", wie er in anderen politik- und sozialwissenschaftlichen Teilbereichen erkennbar(er) existiert, lässt sich immerhin seit ein paar Jahren zumindest in Ansätzen im Bereich der dezidiert vergleichend demokratietheoretisch orientierten Kleinstaatenforschung ausmachen (vgl. z. B. Anckar, C. 2008; Anckar, D. 2008; Corbett 2018; Masala 2004; Ott 2000; Veenendaal 2013a), die für die vorliegende Arbeit allerdings eher von begrenzter Bedeutung ist.

Was den ersten Teil von Dörnemanns Aussage anbelangt, so existieren inzwischen doch zahlreiche Studien mit theoretischem Erkenntnisinteresse, die der oben umrissenen Kleinstaatenforschung im engeren Sinne zuzurechnen und daher für das vorliegende Werk von Interesse sind. Sie ermöglichen, wie unten ausführlicher erläutert wird, die Ableitung, Herausarbeitung oder Übernahme weitgehend kohärenter kleinstaatentheoretischer Annahmen auf unterschiedlichen Abstraktionsniveaus, etwa mit eher soziologischer Ausrichtung (Geser 1992, 1993), politikwissenschaftlichem Fokus (Waschkuhn 1990a; Wolf 2013) oder wirtschaftswissenschaftlichem Schwerpunkt (Gantner und Eibl 1999; Kocher 2002).

Trotz ihrer beachtlichen inhaltlichen, konzeptionellen und methodischen Unterschiede (vgl. Höll 1983, S. 15) gehen kleinstaatentheoretisch orientierte empirisch-analytische Studien im

Kern davon aus, Kleinstaatlichkeit als eine operationalisierbare unabhängige Variable zu betrachten, die sich unter spezifischen Bedingungen auf bestimmte politische Phänomene (abhängige Variablen) beobachtbar und eindeutig zurechenbar auswirkt (vgl. Amstrup 1976, S. 165; Christmas-Møller 1983, S. 46; Geser 1991, S. 96–97). Die Heterogenität der existierenden Klein- und Mikrostaaten und die Zunahme ihrer „Verhaltensoptionen und Entwicklungspfade" (Geser 1992, S. 652–653) sind für die Kleinstaatentheorie bedeutende Herausforderungen. Dennoch hat sich die Auffassung, Kleinstaatlichkeit sei eine zu diffuse und zu breite Kategorie, um ein sinnvolles Analysekonzept darzustellen (Baehr 1975, S. 466), in den Sozialwissenschaften nicht durchgesetzt (Wolf 2016a, S. 6). Die Untersuchungseinheit „Kleinstaat" wird vielmehr überwiegend nicht nur umgangssprachlich, sondern auch in der Forschung als „a useful tool for analysis" angesehen (Baldacchino 2018, S. 7; Maas 2009, S. 67). Vor allem sehr kleine Regierungssysteme „can be differentiated from both the style of national and local politics in the large polities of the world and stand on their own in a specific category" (Richards 1982, S. 170). Allerdings scheint Kleinstaatlichkeit in der Regel viele politische Phänomene nicht notwendigerweise zu determinieren: „Die Tatsache, dass ,Grösse' in erster Linie als eine konditionierende anstatt determinierende Variable in Betracht gezogen werden muss, widerspiegelt sich in der Unklarheit, ja Widersprüchlichkeit zahlreicher empirischer Ergebnisse" (Geser 1981, S. 15).

Zumindest hinsichtlich der politikwissenschaftlichen Kleinstaatenforschung im engeren Sinne scheinen Studien aus dem Bereich der Internationalen Beziehungen bislang zu dominieren (vgl. die Überblicke bei Ingebritsen et al. 2006 und Thorhallsson 2018). Sutton (1987, S. 3) sah deshalb vor einigen Jahrzehnten noch folgendes Forschungsdefizit: „the consequences of smallness for the domestic political system of any state appear relatively neglected". Seitdem wurde zwar auch vermehrt zu den innerstaatlichen politischen Auswirkungen von Kleinstaatlichkeit geforscht, allerdings oft nur hinsichtlich einzelner kleiner Regierungssysteme bzw. kleinstaatlicher Politikfelder und ohne eine übergreifend vergleichende, generalisierende oder primär

kleinstaatentheoretisch orientierte Perspektive.[3] Die inzwischen
vorliegenden Analysen kleiner politischer Systeme liefern
immerhin mindestens „eine Sedimentschicht spezifischer Hypothesen und empirischer Befunde [...], die als Ausgangsbasis
für theoretische Systematisierungsversuche fungieren können"
(Geser 1992, S. 632). Das vorliegende Werk stellt einen solchen
theoretischen Systematisierungsversuch aus politikwissenschaftlicher Perspektive dar.

Umfassende kleinstaatentheoretische Modelle auf höherem
Abstraktionsniveau zur Analyse politischer Systeme von
geringer Größe sind bisher kaum entwickelt worden. Das ist
möglicherweise eine Folge – vielleicht aber auch ein Grund –
der bereits erwähnten tendenziellen Randständigkeit und relativ
geringen internationalen Sichtbarkeit der Kleinstaatenforschung.
Verschiedene bemerkenswerte Arbeiten – beispielhaft seien
Dahl und Tufte (1974), Geser (1991, 1992, 1993), Veenendaal
(2013a) und Waschkuhn (1990a, 1994) genannt – stellen jedoch
m. E. nicht nur kleinstaatentheoretische Versatzstücke, sondern
durchaus „Klein- oder Mikrostaatentheorien im engeren Sinne"
(Dörnemann 2003, S. 15) dar, auch wenn sie selbst nicht immer
einen solchen Anspruch erheben. Mehrere frühere Studien des
Verfassers (Wolf 2011, 2013, 2016b, 2020; Wolf et al. 2018)
versuchen existierende kleinstaatentheoretische Modellüber-
legungen systematisch weiterzuführen.

Jenseits der eben erwähnten Kleinstaatenliteratur mit
Theorieansätzen auf höherem Abstraktionsniveau finden sich
in etlichen Untersuchungen zahlreiche Beobachtungen und
zum Teil auch verschiedene generalisierende Aussagen zu
bestimmten Aspekten politischer Regelungsmechanismen und
Entscheidungsformen in kleinstaatlichen Regierungssystemen
(z. B. Eisenstadt 1977; Richards 1982; Sutton 1987; Veenendaal
2013b). Sozialwissenschaftliche Arbeiten, die sich im Schwerpunkt mit den Aufgaben, Organisationsmerkmalen, Prozessen

---

[3]Eine Durchsicht der ersten zwei Jahrgänge der Fachzeitschrift „Small
States & Territories" (2018 und 2019) stützt diese Einschätzung, vgl. https://
www.um.edu.mt/sst.

und Problemen kleinstaatlicher Regierungs- und Verwaltungsein-
richtungen beschäftigen, liefern ebenfalls häufig relevante Daten
und Erkenntnisse (etwa Baker 1992; Bray 1991; Fanger und
Illy 1981; Murray 1981). Ein beachtlicher Teil der quantitativen
und qualitativen Forschung widmet sich schwerpunktmäßig
der Frage, wie sich Kleinstaatlichkeit auf das Demokratie-
niveau politischer Systeme auswirkt (beispielsweise Anckar, C.
2008; Anckar, D. 2008; Corbett 2018; Masala 2004; Ott 2000;
Veenendaal 2013a) oder spezieller auf den Parlamentarismus (Rush 2013). Diese Studien sind für die vorliegende
Arbeit vor allem wegen der Beschreibung politischer Prozesse,
Akteurskonstellationen und realer Entscheidungsverfahren von
Bedeutung, weniger hinsichtlich ihrer normativen Erörterungen.

2.2.2 Governance-Forschung

Die sozialwissenschaftliche Governance-Forschung unter-
sucht primär Aspekte sozialer Organisation und Koordination
(Bevir 2012, S. 3) bzw. Phänomene der *„Interdependenz-
bewältigung* zwischen Akteuren" (Lange und Schimank 2004,
S. 19). „Governance wird als Oberbegriff aller Formen sozialer
Handlungskoordination, als Gegenbegriff zu hierarchischer
Steuerung und zur Bezeichnung der Gesamtheit aller in einem
Gemeinwesen bestehenden und miteinander verschränkten
Formen der kollektiven Regelung gesellschaftlicher Sachverhalte benutzt" (Mayntz 2010, S. 38). Die Governance-Analyse
„ist einer der lebhaftesten, zweifellos auch einer der wichtigsten
politikwissenschaftlichen Forschungsschwerpunkte der vergangenen zwanzig Jahre" (Grande 2012, S. 565). Hierin kann
man einen deutlichen Kontrast zur Kleinstaatenforschung
sehen. Governance ist „trendy" (Schuppert 2011, S. 9) und ein
„Modebegriff" (Blumenthal 2005, S. 1150). Das Konzept wird
häufig positiv als „interdisziplinärer Brückenbegriff" gesehen
(Schuppert 2006b, S. 458). Allerdings kann Governance „je nach
Erkenntnisinteresse verschiedene Bedeutungen" erhalten (Benz
und Dose 2010b, S. 17), und angesichts einer gewissen „begrifflichen Konturlosigkeit" (Offe 2008, S. 71) stellt sich mitunter

die Frage: „Alles Governance oder was?" (Schuppert 2011; vgl. auch Burris et al. 2008, S. 7).

Etliche Lehr- und Handbücher sowie weitere Überblickswerke zeugen von der konzeptionellen, methodischen und theoretischen Vielfalt der Governance-Forschung allein schon in den hier vor allem interessierenden Disziplinen Politik-, Rechts- und Verwaltungswissenschaft sowie Soziologie (z. B. Benz et al. 2007a; Benz und Dose 2010a; Bevir 2011; Levi-Faur 2012; Schuppert und Zürn 2008; Schuppert 2006a). Viele Werke widmen sich Veränderungen ausgewählter Governance-Strukturen, indem sie „describe and analyze ‚shifts in governance'" (van Kersbergen und van Waarden 2004, S. 144). Der vorliegenden Abhandlung liegt keine entsprechende Vorher-Nachher-Perspektive zugrunde. Sie beschäftigt sich im Unterschied zu manchen Governance-Studien auch nicht mit der Leistungsfähigkeit oder Performanz bestimmter Entscheidungsformen oder Governance-Modi.

Der Governance-Ansatz weist wie bereits angedeutet eine methodische und theoretische Offenheit auf (vgl. von Blumenthal 2005, S. 1174; Grande 2012, S. 579). Das hat u. a. zur Folge, dass Governance-Analysen stark von den jeweiligen Erkenntnisinteressen, Wissenschaftsverständnissen und Forschungsneigungen abhängen (vgl. Benz und Dose 2010b, S. 17). Aus der Fülle unterschiedlicher Governance-Zugänge scheint mit Blick auf die oben skizzierte Forschungsfrage und die angestrebte Verknüpfung mit der Kleinstaatentheorie für die vorliegende Untersuchung ein eher institutionalistischer Fokus angezeigt, der die sozialwissenschaftliche Governance-Theorie im Unterschied zur politikwissenschaftlichen Steuerungstheorie wohl ohnehin tendenziell auszeichnet (Mayntz 2006, S. 16), insbesondere in der einschlägigen deutschsprachigen Forschung. Zudem sind hier angesichts der Ausrichtung der vorliegenden Arbeit nicht internationale, transnationale oder subnationale Regelungsstrukturen relevant, sondern vorrangig Formen von „National Governance" (Walk 2008, S. 41–42). Ein Großteil der einschlägigen Literatur arbeitet mit den Governance-Modi Hierarchie, Wettbewerb und Netzwerke (Bevir 2012, S. 16). Verschiedene Studien benennen zudem weitere Governance-Formen oder „Regelsysteme" (Lange und Schimank 2004, S. 24) und gehen von unterschiedlichen Analyse- bzw. Abstraktionsebenen oder Kombinationsmöglichkeiten von Governance-Typen aus (etwa die Beiträge in Benz et al. 2007a; Benz und Dose 2010a). Hier lassen sich konzeptionelle Ansätze für die vorliegende Studie finden, die in späteren Kapiteln aufgegriffen und mit kleinstaatentheoretischen Annahmen verbunden werden.

2.2.3   Politisches System Liechtensteins

Jahrzehntelang konnte man kaum von einer nennenswerten politikwissenschaftlichen Forschung zum liechtensteinischen Regierungssystem sprechen. Seit den 1990er Jahren ist jedoch eine gerade für einen Mikrostaat (vgl. Kap. 7) beachtliche Anzahl einschlägiger Studien erschienen, meist erarbeitet am Liechtenstein-Institut in Bendern oder in dessen Umfeld. Die bereits erwähnte Randständigkeit der sozialwissenschaftlichen Kleinstaatenforschung (vgl. Kirt und Waschkuhn 2001, S. 23) trifft seither nur noch eingeschränkt für das Fürstentum zu, auch wenn die überwiegend auf Deutsch verfassten Forschungs-arbeiten bislang selten in Fachzeitschriften oder großen Verlagen erscheinen und von der internationalen scientific community lediglich begrenzt rezipiert werden (vgl. zu dieser Problematik Veenendaal und Wolf 2016, S. 282). So liegen mittlerweile zum politischen System Liechtensteins einige längere Überblicks-darstellungen (Waschkuhn 1994; Beattie 2012) und kürzere Einführungen (z. B. Marxer und Pállinger 2009; Waschkuhn 1993a) vor; ein umfangreiches Handbuch des politischen Systems Liechtensteins befindet sich in Vorbereitung. Auch die staatsrechtliche Forschung zu den obersten Verfassungsorganen des Fürstentums (etwa Wille 2015) ist für die Untersuchung politischer Entscheidungsformen und Regelungsmechanismen von Bedeutung.

In der politik- und rechtswissenschaftlichen Forschung wird u. a. die einzigartige „Mischverfassung" Liechtensteins beschrieben und analysiert (z. B. Riklin 1987; Waschkuhn 1989). Aufgrund der vielen institutionellen Vetospieler und einer häufig auf breiten Konsens abzielenden politischen Kultur bezeichnen etliche Werke das Fürstentum als konkordanzdemo-kratisches Regierungssystem (beispielsweise Hoch 1989; Marxer 2007; verschiedene Beiträge in Michalsky 1991a). Die Literatur zur Europäisierung des politischen Systems bzw. zur Ein-bindung Liechtensteins in den EWR (Frommelt 2011a, b; 2016b; Gstöhl 2001; Gstöhl und Frommelt 2011) ist für die vorliegende Arbeit hinsichtlich etwaiger Auswirkungen auf innerstaatliche Governance-Konstellationen relevant. Während die Forschung zum Wahlsystem und Wahlverhalten (Marxer 2000, 2011) für diese Untersuchung als nachrangig bezeichnet werden kann, erscheint die Literatur zum liechtensteinischen Parteiensystem von größerer Bedeutung (z. B. Marxer 2015; Michalsky 1990).

Zum Landtag, dem liechtensteinischen Parlament, liegen auffällig viele größere und kleinere Werke vor (etwa Allgäuer 1989; Batliner 1981; Beck 2013; Frick-Tabarelli 2013; Marxer 2008, 2013). Auch das Gesetzgebungsverfahren und die Land-tagstätigkeit werden immer wieder untersucht (Frommelt 2011a, 2016a; Hoch 1994; Ritter 1991). Demgegenüber sind Regierung und Landesverwaltung, aber auch intermediäre Organisationen – insbesondere die Interessenverbände – bisher weniger gut erforscht (siehe beispielsweise die entsprechenden Abschnitte in Marxer und Pállinger 2009 sowie Waschkuhn 1994). Die politische Rolle des Landesfürsten ist mittlerweile vielfach analysiert worden (z. B. Büsser 2016; Łukaszewski 2015; Schiess Rütimann 2013; Veenendaal 2015; Wolf 2015). Auch zu den stark ausgebauten direktdemokratischen Instrumenten und einzelnen Abstimmungsprozessen wurden schon mehrere Forschungsarbeiten publiziert (etwa Marcinkowski und Marxer 2010; Marxer 2014, 2017).

2.2.4 Forschungslücke

Vor dem Hintergrund der zentralen Fragestellung und des Erkenntnisinteresses dieser Arbeit (siehe 2.1) können die wesentlichen Lücken im Forschungsstand folgendermaßen skizziert werden: Die einschlägige Forschung hat zwar betont, dass sich Kleinstaatlichkeit auf verschiedene Aspekte politischer Systeme auswirkt bzw. auswirken kann. Bisher wurde aber nur bruchstückhaft und kaum systematisch herausgearbeitet, unter welchen Bedingungen und aus welchen Gründen von welchen Entscheidungsformen in der kleinstaatlichen Politik, vor allem der Innenpolitik, auszugehen ist.

In der Governance-Forschung werden zwar unterschiedliche Konzepte und Formen der politischen Entscheidungsfindung mit verschiedenen Handlungslogiken unterschieden, allerdings bislang weitgehend ohne kausalanalytische Verknüpfung mit der Variable „Größe" bzw. „Kleinstaatlichkeit" (für zwei seltene Ausnahmen siehe Baker 1992 und Wettenhall 2018). Politik-, rechts- und verwaltungswissenschaftliche Forschungsarbeiten haben zwar aus unterschiedlichen Perspektiven politische Entscheidungsprozesse in Liechtenstein beschrieben und erklärt, aber kaum gezielt und vorrangig mit Ansätzen der Kleinstaaten- und Governance-Theorie untersucht. Die vorliegende Studie möchte einen Beitrag zur Schließung dieser Forschungslücken leisten.

Zentrale Begriffe und Konzepte

3.1 Theorie

Die politikwissenschaftliche Kleinstaaten- und Governance-Theorie, zu deren Herausbildung und Weitentwicklung das vorliegende Werk einen Beitrag leisten möchte, ist zunächst einmal keine normative Theorie. Dies zu betonen ist wichtig, weil sozialwissenschaftliche Auseinandersetzungen mit Kleinstaatlichkeit nicht selten mehr oder weniger normativ geprägt sind.[1] Von manchen Autoren wird Kleinheit als prinzipiell negativ betrachtet und beispielsweise mit politischer und militärischer Schwäche, dürftigen wirtschaftlichen Entwicklungsmöglichkeiten, begrenzten kulturellen Fähigkeiten bis hin zu angeblicher geistiger Engstirnigkeit in Verbindung gebracht (vgl. etwa die Zitate bei Amstrup 1976, S. 163–164). Das andere Extrem sind positive Idealisierungen der Kleinstaatlichkeit. Exemplarisch sei ein in deutschen Arbeiten relativ häufig zitierter Satz von Jacob Burckhardt (1982 [ca. 1868], S. 259) genannt: „Der Kleinstaat ist vorhanden, damit ein Fleck auf der Welt sei, wo die größtmögliche Quote der Staatsangehörigen Bürger im vollen Sinne sind". Leopold Kohr soll hier ebenfalls beispielhaft angeführt werden. In seinem normativen Ansatz sieht Kohr

---

[1] Vgl. nur die Phrasen „Small is beautiful" (Kohr 1995; Schumacher 1989) oder „Small is dangerous" (Harden 1985).

© Springer Fachmedien Wiesbaden GmbH, ein Teil von Springer Nature 2020
S. Wolf, *Eine Governance-Theorie des Kleinstaats*,
https://doi.org/10.1007/978-3-658-30443-0_3

(1978 [1957], S. xviii) „a single theory through which [...] all phenomena of the *social* universe can be reduced to a common denominator [...] the *theory of size*. It suggests that there seems only one cause behind all forms of social misery: *bigness* [...] Wherever something is wrong, something is too big".[2] Nach Ernst F. Schumacher (1989, S. 70) leiden moderne Gesellschaften unter „an almost universal idolatry of giantism".

Es soll im Folgenden auch nicht auf eine Theorie hingearbeitet werden, die primär die Existenz bzw. Nichtexistenz von (bestimmten) kleinen und kleinsten staatlichen Einheiten zu erklären beabsichtigt. Da der angestrebte theoretische Ansatz allerdings zu einem besseren analytischen Verständnis der Beschaffenheit und des Verhaltens von Kleinstaaten in verschiedenen Politikdimensionen beitragen soll, wird damit zumindest indirekt auch die Existenzfrage behandelt. Strukturelle Kleinstaatencharakteristika dürften neben länder- und kontextspezifischen Faktoren (vgl. Abt und Deutsch 1993, S. 22, 25) auch in historischer Perspektive für das Entstehen, Fortbestehen, Verändern und Verschwinden kleiner politischer Systeme eine nicht unwesentliche Rolle gespielt haben und weiterhin spielen (vgl. Geser 2004). Bei der Konzeption einer auf die Binnenpolitik fokussierten Governance-Theorie des Kleinstaats mit empirisch-analytischer Ausrichtung soll im Folgenden methodisch ähnlich verfahren werden wie in anderen Bereichen politikwissenschaftlicher Forschung auch: „Small state research will be considered as an attempt among others at theory-formation in political science" (Christmas-Møller 1983, S. 36).

Aus theoretischer Perspektive birgt der Kleinstaatenbegriff die Gefahr der Übergeneralisierung: „Obwohl wir von ‚Kleinstaat' als einem einheitlichen Typus sprechen, denken wir

---

[2]Kohr „wird von vielen Ökonomen und anderen Leuten als ‚Spinner' betrachtet" (Rothschild 1993, S. 29). Sein Werk „may be considered as a continuation of the utopian tradition" (Hein 1985, S. 17). Für eine abwägende Neurezeption siehe Senghaas (2010).

dabei immer an ganz spezifische soziale Bedingungen und deren institutionelle und verhaltensmässige Korrelate, von denen wir annehmen, dass sie in bestimmten Kleinstaaten eher als in anderen Gesellschaftsformen auftreten" (Eisenstadt 1977, S. 68–69). Steht in der theorieorientierten sozialwissenschaftlichen Erforschung kleiner sozialer Systeme häufig die systematische Untersuchung und Erklärung bestimmter mit Kleinheit assoziierter gesellschaftlicher Phänomene im Vordergrund (vgl. Geser 1980), so soll auch in der hier anvisierten politikwissenschaftlichen Kleinstaatentheorie diese Analyseperspektive eingenommen werden: Kleinstaatlichkeit als zentraler kausaler – wenn auch nicht notwendigerweise deterministischer – Faktor und somit als unabhängige Variable, die zu spezifischen politischen Erscheinungsformen führt: „In the greater part of the literature, it seems to be assumed that given a satisfactory definition of an independent variable, viz. size, it is also possible to predict something about some dependent variable, viz. the ‚behavior' of small states" (Amstrup 1976, S. 165).

Um nicht bei den mit induktiver Theoriebildung verbundenen Beschränkungen zu verbleiben, dürfte es sinnvoll sein, sich nicht wie von Geser (1992, S. 628) angedeutet „auf jenen durchaus beachtlichen Fundus vielfach impressionistischer Verallgemeinerungen über kleine politische Gemeinwesen zu beschränken, die von Aristoteles über Machiavelli und Montesquieu bis in die neueste Zeit zum Traditionsbestand empirisch orientierter politischer Reflexion und Theoriebildung gehören". Theoretisch gehaltvoller als anekdotische Vergleiche und weitere bloße Anreicherungen „impressionistischer Verallgemeinerungen" über kleine politische Systeme (wie beispielsweise bei Wettenhall 2018) erscheint ein deduktiver, empirisch-analytischer Ansatz, etwa in Anlehnung an Popper (2000, S. 120). Ein solcher besteht im Wesentlichen aus 1) der deduktiven Ableitung von falsifizierbaren Annahmen über spezifische politische Eigenschaften kleiner Staaten, 2) der Operationalisierung und empirischen Überprüfung dieser Aussagen sowie 3) gegebenenfalls einer Verbesserung der theoretischen Überlegungen (z. B. durch Eingrenzung oder Präzisierung) oder deren Verwerfung.

Wenn soziologische Kleinstaatentheorie das Ziel hat, „grössenbedingte Eigenheiten nationaler Gesellschaften in termini von Gesetzmässigkeiten zu verstehen, die auf möglichst generellen Regularitäten sozialer Systembildung und Organisation beruhen und deshalb auch für andere Kollektive Geltung haben" (Geser 1993, S. 67), so gilt dies analog auch für die hier angestrebte politikwissenschaftliche Governance-Theorie des Kleinstaats. In vielen Fällen wird es allerdings nicht möglich sein, Kleinstaatlichkeit als exakt determinierenden Faktor (im Sinne kausaler Gesetzmäßigkeit) für spezifische politische Phänomene zu bestimmen; die Kleinheit des Staatswesens bedingt dann beispielsweise nicht notwendigerweise eine ganz bestimmte Ausformung der abhängigen Variable, legt aber eine derartige oder ähnliche Ausprägung aus funktionalen Gründen nahe. Die unbestimmteste Aussagekraft haben theoretische Annahmen, bei denen Kleinstaatlichkeit ein Phänomen ermöglicht oder für seine Realisierung erforderlich ist, das tatsächliche Auftreten aber abhängig ist von weiteren Faktoren, die möglicherweise nicht alle bekannt sind. Geser (1991, S. 96–97) unterscheidet vor diesem Hintergrund „bei Hypothesen, in denen ‚Grösse' als Explanans fungiert" zwischen kausalen, funktionalen und konditionalen Abhängigkeitsverhältnissen.

Das deduktive Ableiten, empirische Untersuchen und theoretische Präzisieren bei der sozialwissenschaftlichen Analyse kleinstaatlicher politischer Phänomene wird dadurch erschwert, dass sich kleine Länder oft in zahlreichen Aspekten voneinander unterscheiden. Politische Systeme, die etwa eine ähnlich geringe Bevölkerungszahl und/oder ein vergleichbar kleines Staatsgebiet aufweisen, divergieren im Hinblick auf ihre geographische Lage, Entwicklungsgeschichte, Gesellschafts-, Rechts- und Wirtschaftsstruktur oder die Institutionen ihrer Regierungssysteme mitunter erheblich – man denke nur an die sehr kleinen Inselstaaten Nauru, Tuvalu, Palau und Marshallinseln einerseits und die europäischen Kleinstaaten Andorra,

Liechtenstein, Monaco und San Marino andererseits.[3] Vor
diesem Hintergrund ist es wichtig, für eine möglichst all-
gemeine Governance-Theorie des Kleinstaats trotz der an sich
kleinen Untersuchungseinheiten nicht auf einem zu niedrigen
Abstraktionsniveau zu arbeiten.[4] Stattdessen empfiehlt sich
eine hohe Abstraktionsebene, die zwar den Nachteil geringerer
Detailschärfe, aber den Vorteil größerer Generalisierbarkeit
mit sich bringt. Auch nach Ansicht von Geser (1992, S. 632)
muss Kleinstaatentheorie „auf ein außergewöhnlich hohes
Abstraktionsniveau gehoben werden, um der Tatsache Rechnung
zu tragen, dass sich der Genotypus ‚Kleinstaat' in einer immer
reicheren Mannigfaltigkeit phänotypischer Ausformungen
manifestiert".

3.2 Kleinstaat

3.2.1 Kleinstaatlichkeit als analytisches Konzept

Leider ist die Behauptung unzutreffend oder zumindest nicht
immer intersubjektiv richtig, dass „we know a small country
when we see it" (Streeten 1993, S. 197). Die sozialwissenschaftliche Kleinstaatenforschung stimmt weitgehend darin überein,

---

[3]Vielgraders diesbezügliche Auffassung (2009, S. 39) erscheint dennoch
sehr radikal: „Die Unterschiede in den Situationen und Rahmenbedingungen
der außereuropäischen einerseits sowie der europäischen Mikrostaaten
andererseits sind in vielen Bereichen so groß, dass kaum Aussagen mit
Gültigkeit für beide Staatengruppen gemacht werden können" (ähnlich Niedermann 1973, S. 87–88). Ganz anders hingegen die soziologische Perspektive, „Kleinheit in äusserst hoher Generalisierung als ein
bestimmtes, bei völlig verschiedenartigen Kollektiven im selben Sinne
realisierbares Verhältnis zwischen Mitgliederschaft und Systemstruktur auf-
zufassen" (Geser 1981, S. 13).

[4]Zur kontextspezifischen Anpassung des Abstraktionsniveaus in der politikwissenschaftlichen Forschung abhängig von der jeweiligen Fragestellung
und Zielsetzung siehe Sartori (1970).

dass eine konsensuale Definition des Kleinstaats nicht existiert und eine Festlegung von Schwellenwerten im Hinblick auf ausgewählte quantitative Kriterien wie beispielsweise Bevölkerung, Territorium oder Wirtschaftsleistung mehr oder weniger willkürlich ist (siehe statt vieler Maass 2009). Einigkeit besteht lediglich in dem Punkt, dass unter Kleinstaaten in der Regel nur souveräne Staaten im Sinne des Völkerrechts verstanden werden (vgl. etwa Friese 2011, S. 40; Kocher 2002, S. 31; Niedermann 1973, S. 76), wobei die Kriterien für Staatlichkeit bzw. interne und externe Souveränität freilich auch eine gewisse Uneindeutigkeit aufweisen. Spätestens seit der Öffnung der Vereinten Nationen für sehr kleine Staaten in den 1990er Jahren ist eine Mitgliedschaft in dieser Internationalen Organisation ein klares Zeichen für zwischenstaatlich anerkannte Staatlichkeit und Souveränität (vgl. Gstöhl 2001). Mehr oder weniger autonome, nicht-souveräne Entitäten von geringer Größe lassen sich ebenfalls unter kleinstaatentheoretischen Gesichtspunkten analysieren (vgl. Baldacchino 2018). Durch ihre staatliche Souveränität verfügen Kleinstaaten gegenüber kleinen autonomen Territorien aber über spezifische Ressourcen und eine andere Position im internationalen System. Das vorliegende Werk konzentriert sich daher wie ein Großteil der einschlägigen Forschung auf moderne (vgl. Eisenstadt 1977, S. 69) und völkerrechtlich souveräne Kleinstaaten.

Nach einer wohl durchgängig antizipierten, aber selten explizit geäußerten Grundannahme der Kleinstaatenforschung stellen Kleinstaaten nicht einfach nur kleinere Ausgaben größerer Staaten dar: „Small states are not just ‚mini versions' of great powers but may pursue different goals and policies worth studying" (Neumann und Gstöhl 2006, S. 16). Sie weisen nicht nur hinsichtlich ihrer geringen Größe, sondern auch in Bezug auf bestimmte größenabhängige Merkmale kollektiv abgrenzbare Besonderheiten auf. Daher erscheint eine eigene Begrifflichkeit und Klassifizierung gerechtfertigt: „Wären Kleinstaaten nichts anderes als weniger mächtige große Staaten, dann gäbe es wohl auch kein schlüssiges Argument dafür, sie als Kategorie sui generis zu erforschen" (Kirt und Waschkuhn 2001, S. 39).

Maass (2009) unterscheidet in seinem viel zitierten Über-
blicksaufsatz im Wesentlichen zwischen quantitativen und
qualitativen Herangehensweisen zur Definition von Kleinstaaten.
Nach einem ersten qualitativen Ansatz könne man Länder als
Kleinstaaten bezeichnen, die für größere Staaten nicht von
Bedeutung seien (Maass 2009, S. 77). Diese Ansicht überzeugt
schon deshalb nicht, weil ein vorgelagertes abstraktes Kriterium
bzw. Abgrenzungsmerkmal für die Identifizierung „größerer
Staaten" fehlt. Außerdem können selbst sehr kleine Regierungssysteme für wesentlich größere Länder zumindest gelegentlich
und punktuell von nennenswerter Bedeutung sein.

Ein anderer qualitativer Ansatz ist die Einordnung kleiner
Staaten nach spezifischen Verhaltensweisen (Maass 2009,
S. 77). Diesbezüglich räumt Maass ein, dass ein bestimmtes
Verhalten auch lediglich die Folge bzw. ein abhängiger Effekt
von Kleinstaatlichkeit sein kann. Andererseits ist es auch möglich, dass eine auffällige Merkmalsausprägung gar nicht mit
geringer Staatsgröße in Beziehung steht. Außerdem bedarf es
erst einmal eines vorgelagerten Kriteriums oder Modells, um
ein spezifisches Verhalten überhaupt als typisch „kleinstaatlich" bezeichnen zu können (Maass 2009, S. 77–78). Meckler
(2006, S. 86) kritisiert am verhaltensorientierten Definitionsansatz die Schaffung immer neuer Kriterien, „die nicht mehr
unabhängig subsumierbar sind und die Wissenschaftler dem Ver-
dacht aussetzen, ihre Theorie nur über die stetige Anpassung der
Definition aufrecht erhalten zu können".

Die quantitativ orientierte Herangehensweise zur Definition
kleiner Staaten erscheint zumindest auf den ersten Blick
griffiger und konzeptionell stringenter. Es existiert jedoch kein
konsensuales Kriterium oder Kriterienbündel zur Bestimmung
von Kleinstaaten. Außerdem stellt sich bei quantitativen
Kriterien wie etwa der Größe der Bevölkerung, des Staatsgebiets
oder der Wirtschaftsleistung (vgl. etwa Seiler 1995, S. 7–17
mit weiteren Nachweisen) das Problem der Festlegung von
Schwellenwerten; alle diesbezüglichen Setzungen sind zu einem
gewissen Grad beliebig oder willkürlich (Maass 2009, S. 75–76;
Seiler 1995, S. 9). Aus quantitativer Sicht ist Staatsgröße auf

(mindestens) einem Kontinuum angesiedelt, ohne dass es natürliche Grenzen oder Schwellenwerte gibt (vgl. Baehr 1975,
S. 466). Bei Cluster-Ansätzen, die verschiedene Kriterien oder
Merkmale kombinieren, ergibt sich zusätzlich eine Gewichtungs-
problematik.

Geser (1992, S. 629; 2001, S. 90–97) differenziert ebenfalls
zwischen verschiedenen Herangehensweisen zur Definition
von Kleinstaaten. Er unterscheidet „substantialistische" (bzw.
intrinsische), „relationistische" und „attributive" Ansätze. Selbst
dieses elaborierte Modell kann allerdings nicht das Grund-
problem beseitigen, dass zahlreiche soziale Merkmale auf
einem jeweiligen Kontinuum ohne offensichtliche Schwellenwerte angesiedelt sind (Christmas-Møller 1983, S. 40) und
keine selbsterklärende, theoretisch vorgelagerte oder absolute
Definition von staatsbezogener Kleinheit existiert. Um einen
Staat im Hinblick auf ein bestimmtes Merkmal als klein im
Sinne von intrinsisch ressourcenarm bezeichnen zu können
(Geser 2001, S. 91–92), bedarf es stets eines Vergleichs-
rahmens bzw. Maßstabs; ein geringer Umfang bestimmter
Ressourcen ist nicht per se bzw. abstrakt ohne Kontext bestimm-
bar.[5] Kleinstaatlichkeit als „attributive Statuseigenschaft"
(Geser 2001, S. 96–97) bedingt ebenfalls ein Vergleichsverhält-
nis, denn auch bei der Selbst- und Fremdzuschreibung werden
Staaten (diesmal subjektiv) in Beziehung zueinander gesetzt.
Aus Sicht des relationalen Ansatzes befinden sich Kleinstaaten definitionsgemäß „gegenüber mächtigeren Staaten in
einem Verhältnis der Unterlegenheit und Abhängigkeit" (Geser
1992, S. 629); diese Herangehensweise ähnelt dem von Maas
(2009) beschriebenen, oben skizzierten und problematisierten
qualitativen Zugang. Kleinstaatlichkeit bedingt nicht notwendigerweise (immer) Machtlosigkeit (vgl. Seiler 1995, S. 7).
In diesem Zusammenhang weist Sutton (1987, S. 19) zutreffend

---

[5]Zwar verwenden viele Konzepte für definitorische Zwecke „nicht die
relative, sondern die absolute Größe der Staaten" (Gstöhl 2001, S. 102),
aber absolute Staatsgröße muss immer in (eine) Relation gesetzt werden, um
etwas über potentielle Kleinheit zu erfahren.

darauf hin, dass „there has been a tendency to confuse small states with weak states and weak states can, of course, be very large indeed".

Vor diesem Hintergrund darf es als gesichert gelten, dass Kleinstaatlichkeit nicht autonom und abstrakt (also rein theoretisch), sondern nur in vergleichender Perspektive definiert und bestimmt werden kann, denn „Kleinheit ist ein komparatives Konzept" (Gstöhl 2001, S. 102; ebenso bereits Benedict 1967, S. 45). Vermutlich ist „Kleinstaat" auch ein dynamischer, also zeit- und kontextabhängiger Begriff (vgl. Streeten 1993, S. 197). Bei der empirischen Erforschung kleiner Staaten ist es in der Regel erforderlich, irgendwann – möglichst mit einer transparenten und reflektierten Begründung – Auswahlkriterien und Schwellenwerte zu setzen, ohne das erläuterte Beliebigkeits- bzw. Willkürproblem völlig lösen zu können.

Geser (1992, S. 632) wählt die Bevölkerungszahl als entscheidendes Kriterium, weil „sowohl relationale wie auch attributive Aspekte der ‚Staatsgröße' zumindest partiell – und über vielfältige intervenierende Variablen vermittelt – im intrinsischen Faktor der Bevölkerungsgröße ihre kausale Wurzel haben". Meckler (2006, S. 94) konstatiert: „Während ein kleines Territorium oder der Mangel an Rohstoffen einem effektiven Staatsganzen nicht zwingend entgegenstehen, [...] bleibt die kleine Bevölkerung stets das Hauptproblem des typischen Kleinstaats". Ähnlich argumentiert Vielgrader (2009, S. 41): „Die Anzahl der Bürger, als notwendige Substanz des rechtlichen Gebildes Staat, stellt jenes Element dar, das [...] die Ungleichheit zwischen tatsächlichem und rechtlichem Gewicht eines Staates am offensichtlichsten zum Ausdruck bringt". Seiler (2004, S. 294) resümiert: „Nicht nur hängen zahlreiche andere mögliche Kriterien wie etwa die wirtschaftliche Leistungsfähigkeit, die Staatenverkehrsfähigkeit oder auch das Machtpotential direkt oder mittelbar von der Einwohnerzahl eines Staates ab; allein durch die Existenz seiner Angehörigen wird die Notwendigkeit eines Staates überhaupt begründet".

Bei der Bevölkerungsgröße handelt es sich um das am häufigsten herangezogene Kriterium oder Merkmal für die Definition von Kleinstaaten in der einschlägigen Literatur

(Maass 2009, S. 75), um eine Art „common factor" (Hein
1985, S. 16), wobei die meisten Autoren ohnehin „stick to only
one of the size-variables" (Veenendaal 2013a, S. 74). Etliche
theoretisch angenommene politische Effekte von Kleinstaatlichkeit hängen insbesondere (auch) mit der Bevölkerungsgröße
zusammen (vgl. Baker 1992, S. 11). Im Rahmen einer primär
kleinstaatentheoretischen Abhandlung wie der vorliegenden
kann auf das Setzten bestimmter Schwellenwerte verzichtet
werden (so auch Geser 1992, 2001):[6] „if one is interested in the
general aspects and consequences of smallness, [...] then there
is no real need for a rigorous definition" (Rapaport et al. 1971,
S. 29). Die Problematik wird am Ende der Studie aber noch einmal aufgegriffen (siehe 8.4).

Angesichts des Definitionsproblems, der Unschärfe
des Kleinstaatenbegriffs und der Pluralität kleinstaatlicher
Erscheinungsformen lässt sich fragen, ob eine gehaltvolle sozialwissenschaftliche Theoriebildung auf höherem Abstraktionsniveau als Ausgangspunkt bzw. Ergebnis empirisch-analytischer
Forschung überhaupt möglich ist. Vereinzelt wurde diese Frage
verneint. So spricht etwa Baehr (1975, S. 466) im Hinblick auf
Kleinstaatlichkeit von einer „insufficiency of the concept as an
analytical tool. Whatever criterion is adopted, small states form
too broad a category for purposes of analysis". Diese Ansicht
hat sich in der einschlägigen Forschung nicht durchgesetzt
(vgl. Baldacchino 2018, S. 7). Einerseits ist die ubiquitäre
Verwendung des Kleinstaatenbegriffs in ganz unterschiedlichen Zusammenhängen eine Tatsache, die von der Wissenschaft nicht einfach ignoriert werden kann und darf; tagtäglich
werden bestimmte Länder als Kleinstaaten – und andere als

---

[6]Daher werden im weiteren Verlauf auch keine quantitativen Schwellenwerte diskutiert. Ein veralteter, aber sehr breiter Überblick über Studien
mit einem „high population cut-off point", einem „cut-off point around
1 million population" oder einem „low cut-off point" hinsichtlich des
Kriteriums der Bevölkerungsgröße findet sich bei Hein (1985, S. 23–25).

große Staaten oder Mächte – bezeichnet, weil man mit diesen Begriffen charakteristische oder typische Merkmale assoziiert: „Despite the fogginess of the ‚small state' concept, few people question that small states exist and that they share a number of common challenges" (Steinmetz und Wivel 2010, S. 4–5).

Andererseits lassen sich aber auch immer wieder spezifisch kleinstaatliche Besonderheiten feststellen, etwa in dem für eine politikwissenschaftliche Kleinstaaten- und Governance-Theorie einschlägigen politisch-administrativen Bereich: „Die Bedingungen der Verwaltung von Massengebilden sind radikal andere als diejenigen kleiner […] Verbände" (Weber 1972, S. 548). Die skizzierten konzeptionellen Probleme machen empirische Analysen und Theoriebildung nicht unmöglich, sie erfordern allerdings – vielleicht noch mehr als in anderen Forschungsbereichen – vor dem Hintergrund des Erkenntnisinteresses insbesondere gut begründete Eingrenzungen und Konzeptualisierungen, die Berücksichtigung intervenierender Variablen sowie die Vermeidung jeder Übergeneralisierung (siehe 8.3). Mit einer derart bescheidenen und vorsichtigen Vorgehensweise kann die Kleinstaatentheorie im günstigsten Fall beispielsweise „identify a common small state behavior in relation to certain situations, some issue-areas, certain interests" (Christmas-Møller 1983, S. 46).

Nationalstaatlich organisierte politische Systeme von geringer Größe werden nicht immer einheitlich bezeichnet. Der in dem vorliegenden Werk durchgehend verwendete Begriff „Kleinstaat" hat sich im Deutschen mehrheitlich als Ober- oder Sammelbezeichnung für wie auch immer definierte kleine und sehr kleine Länder durchgesetzt (Seiler 1995, S. 5). In der englischsprachigen Literatur dominiert das Äquivalent „small state" (Maass 2009). Die Ansicht von Thürer (2015, S. 136), „dass der Begriff ‚Kleinstaat' dem Vokabular einer vergangenen Zeit entstammt und heute weitgehend obsolet geworden ist", ist bislang eher eine Einzelmeinung. Das zeigt beispielsweise die erst im Jahr 2018 erfolgte Gründung der Fachzeitschrift „Small States & Territories" (hierzu Baldacchino 2018).

3.2.2 Der Mikrostaat als spezifische Kategorie?

Etliche Forschungsarbeiten erachten es als analytisch sinnvoll, innerhalb der Gruppe kleiner Länder zwischen Kleinstaaten im engeren Sinne und außerordentlich kleinen politischen Systemen zu differenzieren. Andere Studien sprechen sich gegen einen solchen Ansatz aus. Diese Diskussion soll im Folgenden kurz beleuchtet werden, auch wenn es manche Autoren ablehnen, „to revive a sterile debate about the definition of the term *micro-state*" (Warrington 1998, S. 101, kursiv im Original). Nach Ansicht von Gstöhl (2001, S. 123) erscheint es „unter den Bedingungen zunehmender Interdependenz und Integration immer weniger sinnvoll, aufgrund physischer Größenunterschiede Mikrostaaten von Kleinstaaten zu unterscheiden, denn die Sachzwänge sind sehr ähnlich". Außerdem wächst angesichts komplexer Ausdifferenzierungs- und Globalisierungsprozesse „die Chance, dass praktisch jeder Staat wenigstens in einem sehr spezifischen Leistungsaspekt nicht unter den Kleinstaaten, sondern in den vordersten Plätzen der Weltrangliste figuriert – und sei es bloß im Spielkasinogewerbe, im Korallenrifftauchen oder in der Philatelie" (Geser 2001, S. 92). Ohnehin sind Mikrostaaten „keine eigene Kategorie im Völkerrecht" (Friese 2011, S. 27).

Grenzt man Kleinstaaten von besonders kleinen Ländern ab, so ergeben sich analog die oben skizzierten konzeptionellen Schwierigkeiten, die auch auftreten, wenn Kleinstaaten und größere Länder voneinander unterschieden werden; aus quantitativer Sicht stellt sich insbesondere wieder das Problem mehr oder weniger willkürlicher Schwellenwerte (Friese 2011, S. 28): „There is thus no consensus in the academic literature on an appropriate cut-off point to dinstinguish microstates from small states" (Veenendaal 2013a, S. 75). Zudem existiert eine bemerkenswerte Begriffsvielfalt für die kleinsten Staaten der Erde (Pfusterschmid-Hardtenstein 2001, S. 78; Seiler 1995, S. 5; 2004, S. 293). In der englischsprachigen Fachliteratur dominiert relativ eindeutig die Bezeichnung „micro(-)state" (statt vieler: Harden 1985; Richards 1990; Waschkuhn 1993b). Der Begriff „Mikrostaat" ist in der deutschsprachigen Fachliteratur ebenfalls weit verbreitet (vgl. etwa Friese 2011; Geser 2001; Gstöhl 2001). Allerdings empfinden manche Menschen den Wort- teil „Mikro" als normativ abwertend (Seiler 1995, S. 6), wohl vor allem Nichtwissenschaftler aus den betroffenen Staaten.[7] Eine Alternative zum Begriff „Mikrostaat" ist die Bezeichnung „Kleinststaat" (Seiler 1995, S. 7) bzw. „very small state" (Kocher 2002).

Trotz der oben genannten Einwände sind sehr kleine Länder als spezifische Analyseobjekte aus kleinstaatentheoretischer Sicht von besonderem Interesse, denn sie sind nahe am Ideal- typus des Kleinstaats im Sinne Max Webers (1972) angesiedelt. „‚Mikrostaaten', die in praktisch jeder denkbaren intrinsischen und relationalen Hinsicht als ‚klein' gelten müssen" (Geser 1992, S. 631, vgl. auch Geser 2001, S. 97), lassen erwarten, dass theoretisch abgeleitete, mutmaßlich typisch kleinstaat- liche Phänomene dort – wenn nicht etwaige landesspezifische Merkmale als intervenierende Variablen eine neutralisierende oder gegenläufige Wirkung entfalten – in besonders starker oder reiner Ausprägung beobachtet werden können (vgl. Anckar 2013, S. 13)[8]. Die Auffassung von Gstöhl (2001, S. 124), die

---

[7]Aus mathematischer Sicht ist der Begriff Mikrostaat freilich auch fragwürdig, jedenfalls im Hinblick auf das am häufigsten herangezogene Merkmal der Bevölkerungszahl: Die Bezeichnung „Mikro" steht für Millionstel, und selbst die souveränen Länder mit weniger als 100.000 Einwohnern haben – bis auf den Sonderfall Vatikanstadt – mehr als ein Millionstel der Bevölkerungsgröße des bevölkerungsreichsten Staates (China). Mathematisch naheliegender als die bekannte Bezeichnung Mikro- staat wäre der völlig ungebräuchliche (Kunst-)Begriff Millistaat („Milli" entspricht einem Tausendstel).

[8]„Several scholars have pointed to the existence of so-called ‚roof effects', in the sense that smallness only has an influence on politics below a certain population figure. According to Hadenius, this ‚roof' is located at 100.000 inhabitants, whereas Carsten Anckar believes it to exist at half a million inhabitants" (Veenendaal 2013a, S. 76). Wenig überzeugend ist aus dieser Sicht die Behauptung von Vielgrader (2009, S. 404), es stehe „nicht *a priori* fest, dass die Erkenntnisse aus der Kleinstaatenforschung unmittelbar auf Mikrostaaten anwendbar sind".

analytische Unterscheidung zwischen Kleinstaat und Mikrostaat verliere „zunehmend an Aussagekraft", scheint (noch) kein
Konsens in der theoretisch orientierten Kleinstaatenforschung zu
sein.

3.3   Governance

Der Governance-Ansatz „might be a good way of bringing
small state studies closer to mainstream political science"
(Wolf 2016b, S. 87). Dennoch lässt sich fragen, ob er ohne
Weiteres   mit   kleinstaatentheoretischen   Überlegungen
kompatibel und kombinierbar ist. Diesbezüglich existieren
aber offenbar keine konzeptionellen Probleme: „Innerhalb
der Grenzen ihrer spezifischen Analyseperspektive ist die
Governance-Forschung offen für einen Theorienpluralismus"
(Benz et al. 2007b, S. 16). Der Fokus auf die im Rahmen der
vorliegenden Abhandlung interessierenden Entscheidungsformen in kleinen politischen Systemen überschreitet die
Grenzen der Governance-Analyseperspektive sicherlich nicht.
Auch der bereits oben erwähnte Verzicht auf eine Vorher-Nachher-Perspektive lässt sich mit der politikwissenschaftlichen
Governance-Theorie vereinbaren, denn diese konzentriert sich
mehr auf die Beschreibung und Erklärung von „Regelungsstrukturen und interessiert sich weniger für ihr Entstehen, das
in ökonomischer Perspektive durch rationale Wahl oder den
evolutionären Erfolg effizienter Regelungsformen bestimmt ist"
(Mayntz 2006, S. 16).

Für die vorliegende Untersuchung ist der Governance-Ansatz
auch deshalb geeignet, weil hier eine eher abstrakte und
institutionalistische Perspektive eingenommen wird (vgl.
Mayntz 2006, S. 14). Aus diesem analytischen Blickwinkel
„tritt das politische Handeln Einzelner etwas in den Hintergrund; Akteure werden vielmehr als integriert und eingebettet in
eine Governance-Struktur betrachtet, welche bestimmte Anreize
und Restriktionen für das Akteursverhalten setzt" (Benz et al.
2007b, S. 19). Zum konstanten bzw. konsensualen Begriffs-
kern von Governance gehören neben „institutionalisierten

Regelsystemen, welche das Handeln der Akteure lenken sollen, [...] auch Interaktionsmuster und Modi kollektiven Handelns, welche sich im Rahmen von Institutionen ergeben" (Benz 2004, S. 25). In diesem Zusammenhang „ist es dringend geboten, [...] die institutionellen Strukturen und die Modi der Interaktion, die konkrete Regelungen hervorbringen, von diesen Regelungen zu unterscheiden" (Zürn 2008, S. 556). Für die vorliegende Studie stehen denn auch weniger die (verfassungs-)rechtlich institutionalisierten Entscheidungsformen, sondern primär die tatsächlichen Entscheidungsmodi und Regelungsmechanismen in Kleinstaaten im Zentrum des theoretischen Erkenntnisinteresses. Governance wird hier grundsätzlich als neutrales Konzept und nicht als normativer „good governance"-Begriff (wie etwa bei Curmi 2009) verwendet.

In ihrem einführenden Überblick gehen Benz und Dose (2010b, S. 25) von drei Analyseebenen der sozialwissenschaftlichen Governance-Forschung aus: „Auf der untersten Ebene (Mikrofundierung) werden drei elementare Governance-Mechanismen unterschieden (wechselseitige Beobachtung, wechselseitige Beeinflussung und wechselseitiges Verhandeln). Auf der mittleren Ebene folgen mit den analytisch zu differenzierenden Governance-Formen die Ordnungsmodelle wie Hierarchie, Wettbewerb, Verhandlungen und Netzwerke. Auf der obersten Ebene stehen die Governance-Regime. Mit ihnen werden die empirisch vorfindbaren Kombinationen von Governance-Formen erfasst". Die vorliegende Studie konzentriert sich im Wesentlichen auf die in der Governance-Forschung häufig in den Blick genommene mittlere Ebene und die auf ihr angesiedelten Governance-Formen. Das damit verbundene Abstraktionsniveau dürfte für die mit der eingangs (2.1) skizzierten Fragestellung beabsichtigte Theoriebildung adäquat sein. Ein solcher Blickwinkel erscheint zudem vorteilhaft für die Übertragbarkeit wie auch die Generalisierbarkeit und Vergleichbarkeit der kleinstaatentheoretischen Annahmen, die im weiteren Verlauf herausgearbeitet werden.

Die Begriffsvielfalt in der Governance-Forschung ist mitunter verwirrend. In der einschlägigen Literatur ist u. a. von Governance- und/oder Regel(ungs)strukturen, -formen, -mechanismen, -modi,

-regimen und -systemen die Rede, wobei diese Begriffe nur teilweise als Synonyme verwendet werden. Für die vorliegende Studie
erscheint die folgende Begriffsbestimmung hilfreich: „Mit *Formen*
meinen wir die Strukturen der Interaktion, seien es solche, die sich
durch dauerhaftes Zusammenwirken ergeben, oder solche, die
durch formale Regeln institutionalisiert wurden. Als *Mechanis-*
men bezeichnet die Sozialwissenschaft demgegenüber die Prozess-
verläufe, die sich kausal im Rahmen dieser Formen ergeben"
(Benz et al. 2007b, S. 14). In dieser Abhandlung werden nach der
Herausarbeitung von Annahmen zur Politik in kleinen Regierungssystemen (Kap. 5) theoretische Überlegungen angestellt, wie sich
bestimmte kleinstaatliche Charakteristika möglicherweise in spezifischen (Governance-)Formen niederschlagen (Kap. 6).

Anzahl und Zuschnitt der in der einschlägigen Forschung
identifizierten und verwendeten Governance-Formen variieren in
gewissem Umfang. Manche Autoren schließen Hierarchie bzw.
hierarchische Steuerung kategorisch als Governance-Modus aus,
weil sie hierin „Government" im Unterschied zu angeblich stets
nicht-hierarchischer „Governance" sehen (z. B. Grande 2012,
S. 566, 575). In dieser Studie wird Hierarchie demgegenüber
wie wohl in den meisten politikwissenschaftlichen Forschungsarbeiten auch als eine spezifische Governance-Form neben
anderen betrachtet.

Etliche einschlägige Werke arbeiten mit den Governance-
Modi Hierarchie, Markt bzw. Wettbewerb und Netzwerke,
gegebenenfalls auch noch Verhandlungen. Bei Benz und Dose
(2010c) und Benz et al. (2007b) findet sich die folgende vergleichsweise elaborierte Typologie: Hierarchie, politischer Wettbewerb, Markt(wettbewerb), Gemeinschaft, Netzwerke und
Verhandlungen. Für die Zwecke der vorliegenden Untersuchung
erscheint es kaum sinnvoll, jede dieser Governance-Formen zur
weiteren Theoriebildung heranzuziehen. Erstens lassen sich
aus der sozialwissenschaftlichen Kleinstaatenforschung nicht
hinsichtlich aller Governance-Modi gehaltvolle Annahmen
ableiten. Zweitens sollte sich die hier zu entwickelnde
Governance-Theorie des Kleinstaats schon aus Gründen der
Anschlussfähigkeit und Komplexitätsreduktion vorrangig mit
jenen Governance-Formen beschäftigen, die auch primär in der

einschlägigen politikwissenschaftlichen Literatur diskutiert werden.

Eine in der Governance-Forschung wohl häufig implizit praktizierte und auch für die vorliegende Studie zweckmäßige Reduktion von Governance-Formen ergibt sich bereits, wenn man analytisch lediglich von jenen politischen Entscheidungsprozessen ausgeht, welche die betreffenden Akteure bewusst mitgestalten: „Im Unterschied zu der weitesten, gesellschaftstheoretischen Fassung des Begriffs schließt der auf die *absichtsvolle Regelung kollektiver Sachverhalte im Staat* bezogene Begriff von Governance die Koordination über Marktprozesse, die Handlungskoordination in Gemeinschaften wie der Familie sowie Prozesse ‚emergenter' Strukturbildung durch das gleichgerichtete Anpassungsverhalten zahlreicher Individuen aus" (Mayntz 2004, S. 67; kursiv im Original). Die Governance-Formen Marktwettbewerb und Gemeinschaft werden daher in dieser Studie nicht behandelt, ebenso wie Interaktions- und Strukturmuster auf der Mikroebene, die aufgrund der oben skizzierten Wahl der mittleren Governance-Analyseebene keine Berücksichtigung finden.

Außerdem soll im weiteren Verlauf auch nicht vertieft auf Netzwerke eingegangen werden. Netzwerke liegen quer zu anderen (eigentlichen) Regelungsmechanismen und Entscheidungsformen, bzw. sämtliche Governance-Modi sind mehr oder weniger in bestimmte Netzwerke eingebettet oder eingebunden: „Bei allen Governance-Formen existieren eine Menge von Akteuren sowie eine Menge von Beziehungen zwischen denselben" (Wald und Jansen 2007, S. 99). Es ist in der Kleinstaatenforschung fast schon ein Gemeinplatz, dass in kleinen Regierungssystemen aufgrund der begrenzten Anzahl regelmäßig handelnder politischer Akteure verhältnismäßig enge und überschaubare Netzwerke bestehen, „die Elitenkonnektivität relativ hoch" ist (Waschkuhn 1993c, S. 8; vgl. Geser 1980, S. 223) und in einem „strukturnotwendig dichten oder kurzgeschlossenen Geflecht der Kommunikations- und Einflussbeziehungen" (Waschkuhn 1990b, S. 25; vgl. Geser 1981, S. 34) Politik betrieben wird. In Netzwerken können Bündnisse geschmiedet oder vereitelt werden, aber Netzwerke – verstanden

„als eine Menge von Knoten […], die über eine Menge von Beziehungen miteinander verbunden sind" (Wald und Jansen 2007, S. 99) – treffen selbst letztlich keine kollektiv-verbindlichen Entscheidungen; sie bereiten solche höchstens für entsprechend institutionalisierte Arenen oder Gremien vor.

Nach wohl konsensualer Meinung in der Literatur kommen politische Entscheidungen in modernen Staaten auf dem hier interessierenden Abstraktionsniveau im Regelfall entweder durch autoritative Festlegung, wechselseitige Aushandlung oder kompetitive Abstimmung zustande (vgl. Lehmbruch 2000). Allerdings unterscheiden sich nationale Regierungssysteme im Hinblick auf Bedeutung, Gewichtung und Zusammenspiel dieser Entscheidungsformen: „Das Zusammenwirken zwischen Regierung und Parlament in der Gesetzgebung variiert nach der Kombination aus Hierarchie, Verhandlungen und Wettbewerb" (Benz 2007, S. 344). Aufgrund dieser Überlegungen konzentriert sich die vorliegende Untersuchung bei der governancebezogenen Theoriebildung in Kap. 6 auf diese drei zentralen Governance-Formen.

Kleinstaatentheoretische Grundprämissen

Die sozialwissenschaftliche Kleinstaatenforschung im weiteren Sinne (vgl. 2.2.1) hat zwar bislang eine Vielzahl empirischer Studien über diverse Institutionen, Prozesse, Akteure und Politikfelder (mit Schwerpunkt Außenpolitik) hervorgebracht. Es existiert jedoch eher wenig systematische Theoriebildung, welche die Erklärungskraft des Faktors Kleinstaatlichkeit konsequent in den Mittelpunkt des Erkenntnisinteresses stellt. Manche Autoren zeichnen daher ein desaströses Bild des Forschungsstands (etwa Dörnemann 2003, S. 15). Doch mögen die bisherigen einschlägigen Forschungsarbeiten auch bruchstückhaft, verstreut und zum Teil wenig aufeinander aufbauend sein, sie liefern immerhin eine „Ausgangsbasis für theoretische Systematisierungsversuche" (Geser 1992, S. 632) wie die vorliegende Abhandlung. Den begrifflichen Diskussionen und konzeptionellen Vorüberlegungen des letzten Kapitels lassen sich ebenfalls wertvolle Aspekte für die Grundlagenarbeit an einer politikwissenschaftlichen Governance-Theorie des Kleinstaats entnehmen.

Generell scheint sich eine deduktive, empirisch-analytische Forschungsperspektive mit Kleinstaatlichkeit als unabhängiger Variable als theoretischer Erklärungsansatz für verschiedene Phänomene in politischen Systemen von geringer Größe zu empfehlen. Diese Vorgehensweise kann helfen, immanente logische Probleme der Induktion (Popper 2000, S. 85) zu

© Springer Fachmedien Wiesbaden GmbH, ein Teil von Springer Nature 2020
S. Wolf, *Eine Governance-Theorie des Kleinstaats*,
https://doi.org/10.1007/978-3-658-30443-0_4

vermeiden. Ein primär induktives Vorgehen in der Kleinstaatenforschung, wie es beispielsweise offenbar Maass (2009)
vorschwebt, zieht möglicherweise bestimmte Fehlschlüsse
nach sich oder kann diese zumindest kaum ausschließen. Ein
weiterer zentraler Ausgangspunkt der hier angestrebten Theoriebildung ist die Annahme, dass es in begrenztem Umfang möglich ist, spezifische, abgrenzbare und generalisierbare politische
Besonderheiten von Kleinstaaten zu formulieren. Allerdings ist
das analytische Konzept der Kleinstaatlichkeit in seinen Einzel-
heiten wie oben skizziert unscharf und umstritten. Somit sind
entsprechende Kriterien, Definitionen, Abgrenzungspunkte und
Schwellenwerte vor allem bei empirischen Untersuchungen
stets zu begründen und dennoch immer zu einem gewissen Grad
beliebig.

Kleinstaatlichkeit ist eine relative Kategorie, die Vergleiche
bzw. komparative Verhältnisse hinsichtlich ausgewählter
Merkmale impliziert, wobei „klein" üblicherweise für eine
geringe Anzahl bestimmter Ressourcen steht (vgl. 3.2.1). Das
Erkenntnisinteresse nach weitreichendem Wissen hinsichtlich der Bedeutung des Faktors Kleinstaatlichkeit für Form und
Prozesse politischer Systeme sieht sich mit der Vielfältigkeit
realer Kleinstaaten konfrontiert. Unterschiedlich starke Ausprägungen verschiedener Kleinstaatlichkeitsdimensionen in
Kombination mit länderspezifischen Besonderheiten ergeben
nicht selten singulär erscheinende politische Phänomene (vgl.
Kirt und Waschkuhn 2001, S. 26). Länderspezifika können
die Form intervenierender Variablen annehmen, die sich auf
den unscharfen und selten deterministischen Faktor Kleinstaatlichkeit beispielsweise verstärkend, neutralisierend oder
modifizierend auswirken. Vor diesem Hintergrund bietet sich
eine überwiegend probabilistische Theoriebildung auf hohem
Abstraktionsniveau an, weil „eine auf geringerem Abstraktionsniveau angelegte Kleinstaattheorie gar nicht fähig wäre, der
immensen Vielfalt hochentwickelter und unterentwickelter
Klein- und Mikrostaaten Rechnung zu tragen" (Geser 1993,
S. 67). Diese Überlegungen sollen nun weiter ausgeführt und zu
Grundprämissen einer politikwissenschaftlichen Governance-
Theorie des Kleinstaats ausformuliert werden.

4.1 Kleinstaatlichkeit als geringe Anzahl relativer Merkmale

Bei der Diskussion des Begriffs „Kleinstaat" wurde bereits darauf hingewiesen, dass der relationale bzw. relative Aspekt des analytischen Konzepts elementarer ist als etwa substantialistische oder attributive Perspektiven, die ihrerseits komparative Anteile aufweisen: „,Small' is obviously a relative term" (Benedict 1967, S. 45). Trotz einer gewissen Uneindeutigkeit der Kriterien für Staatlichkeit und innere wie äußere Souveränität wird jedoch die Staatseigenschaft an sich in dieser Abhandlung nicht als eines der relativen Merkmale des Kleinstaats betrachtet, sondern als eindeutig vorhanden antizipiert (vgl. Friese 2011, S. 40; Niedermann 1973).[1] Fraglos lassen sich viele der im Folgenden angestellten theoretischen Überlegungen auch auf relativ autonome Gebiete oder nicht politisch anerkannte Quasi-Staaten von geringer Größe übertragen, insbesondere was Binnenorganisation und -prozesse sowie inlandsbezogene Politiken anbelangt (vgl. Baldacchino 2018). Die größten Unterschiede dürfte es im außen(wirtschafts)politischen Bereich bei Kontakten mit (anerkannten) Staaten und internationalen Organisationen geben.

Eine strukturell geringe Anzahl bestimmter Ressourcen ist in der Literatur oft der zentrale Ausgangspunkt kleinstaatentheoretischer Analysen (vgl. statt vieler Geser 1980, S. 207; Waschkuhn 1990a, S. 140, 142; 2003, S. 760). Es besteht jedoch kein Konsens in der einschlägigen Forschung hinsichtlich der heranzuziehenden Merkmale oder Ressourcen. Am häufigsten wird auf eine geringe Bevölkerungszahl abgestellt, die für soziale und politische Phänomene oft von besonderer Bedeutung sein dürfte. Jedoch können auch andere Faktoren wie beispielsweise Staatsgebiet (territoriale Ausdehnung), Wirtschaftskraft,

---

[1]Die Rechtswissenschaft geht üblicherweise von der dichotomen Fiktion einer klaren Unterscheidung bzw. Unterscheidbarkeit von „Staat" und „Nicht-Staat" aus (vgl. statt vieler Friese 2011, S. 34 mit weiteren Nachweisen).

militärische Macht, natürliche Ressourcen, finanzielle Mittel, diplomatischer Einfluss oder kulturelle Errungenschaften allein oder in Kombination verwendet werden. Zudem lässt sich zumindest konzeptionell zwischen primären und sekundären Merkmalen unterscheiden. Unter die primären Merkmale können wohl die substantialistischen bzw. intrinsischen Eigenschaften im Sinne von Geser (1992, 2001) subsumiert werden, etwa Bevölkerungsgröße, Staatsgebiet und natürliche Ressourcen. Sekundäre oder abhängige Merkmale wie beispielsweise diplomatischer Einfluss, sicherheitspolitische Macht und kulturelle Errungenschaften haben keinen vergleichbaren basalen Charakter. Sie bestehen nicht ähnlich ursprünglich oder unvermittelt, sondern ergeben sich im Wesentlichen mittelbar als Effekte aus den primären Eigenschaften und gegebenenfalls intervenierenden länderspezifischen Faktoren.

Jede definitorische Kriterienauswahl und jedes Setzen von Schwellenwerten sollte begründet werden, kann aber dennoch nicht völlig ohne Willkür erfolgen. Die geringe Anzahl bestimmter Ressourcen wird in diesem Werk zwar als maßgebliche und unter Umständen folgenreiche, jedoch grundsätzlich wertneutrale Eigenschaft begriffen und nicht als automatischer Nachteil oder als Mangel, der notwendigerweise zu Funktionsdefiziten führt bzw. führen müsste (so aber Meckler 2006, S. 92, 103, 113). Auch größere Staaten sind einmal abgesehen von länderspezifischen Faktoren gewissen politischen, sozialen und wirtschaftlichen Restriktionen unterworfen. Autoren wie Kohr (1995) und Schumacher (1989) argumentieren, dass (zu umfangreiche) Größe manche Probleme erst schafft. Zuzustimmen ist Meckler hinsichtlich der Aussage, dass die geringe Anzahl bestimmter Ressourcen häufig mehr oder weniger spezifisch kleinstaatliche Strategien oder Verhaltensweisen zur Folge hat (Meckler 2006, S. 103–113). Aus den vorstehenden Überlegungen kann die folgende kleinstaatentheoretische Grundprämisse abgeleitet werden: *Kleinstaatlichkeit zeichnet sich aus durch die strukturell geringe Anzahl bestimmter relativer Merkmale eines Staates.*

4.2 Unabhängige Variable mit begrenzter Reichweite

Im Mittelpunkt politikwissenschaftlicher Kleinstaatentheorie im engeren Sinne steht die Frage nach der Erklärungskraft geringer Staatsgröße für die Ausprägung bestimmter politischer Phänomene. Einschlägige x-zentrierte Forschungsdesigns konzeptualisieren Kleinstaatlichkeit dementsprechend als zentrale unabhängige Variable für ausgewählte (mutmaßlich) abhängige Untersuchungsobjekte (Amstrup 1976, S. 165; Geser 1993, S. 67). Kleinstaatlichkeit kann – auch abhängig von dem zugrunde gelegten Konzept von Kleinheit – nach den bisherigen Erkenntnissen unter Umständen spezifische Auswirkungen auf etliche sehr unterschiedliche Aspekte politischer Systeme wie Akteure, Institutionen, Prozesse und Politikfelder haben (vgl. Kap. 5).

Es ist jedoch selbst bei einer extremen Merkmalsausprägung der unabhängigen Variable nicht davon auszugehen, dass Kleinstaatlichkeit sämtliche Bereiche des politischen Systems berührt. Längst nicht alle politischen Phänomene sind durch die Größe des Staatswesens maßgeblich oder nennenswert beeinflussbar. Dieser Umstand sollte aus theoretischer Sicht bereits frühzeitig betont werden, um der Gefahr der Übergeneralisierung entgegenzuwirken. Es spricht vieles dafür, dass Kleinstaatlichkeit eher selten bestimmte politische Phänomene exakt determiniert. In einer Vielzahl von Fällen dürfte geringe Staatsgröße lediglich einen notwendigen Faktor (unter mehreren) für eine spezifische abhängige Merkmalsausprägung darstellen. Und in etlichen Konstellationen ist eine bestimmte Variablenausprägung aus theoretischer Sicht funktional sinnvoll für einen Kleinstaat, aber nicht notwendig oder zwingend (Geser 1991, S. 96–97). Aus den vorstehenden Überlegungen kann die folgende kleinstaatentheoretische Grundprämisse abgeleitet werden: *Als unabhängige Variable wirkt sich Kleinstaatlichkeit – wenn überhaupt – nur auf bestimmte Dimensionen und Aspekte von Politik aus.*

4.3   Divergierende Effekte

In den vorigen Abschnitten wurde u. a. argumentiert, dass a) sich Kleinstaatlichkeit grundsätzlich auf verschiedene politische Phänomene auswirken kann, b) „Kleinstaat" ein relativer Begriff ist, und c) geringe Staatsgröße hinsichtlich verschiedener Merkmale bzw. Ressourcen in unterschiedlichem Ausmaß vorkommt. Diese drei Aspekte tragen zur Komplexität kleinstaatentheoretischer Untersuchungen bei. Darauf aufbauend lässt sich unter vorläufiger Außerachtlassung intervenierender Variablen folgern, dass mit Kleinstaatlichkeit verbundene Effekte jeweils abhängig sind von a) den Merkmalen (in der Regel Ressourcen), hinsichtlich derer eine geringe Staatsgröße besteht, b) den prinzipiellen Auswirkungen, welche die betreffenden Formen (oder „Arten") von Kleinstaatlichkeit auf die abhängigen politischen Phänomene haben könnten, und c) den jeweiligen Graden oder Intensitäten der verschiedenen Kleinheitsausprägungen.

Vor diesem Hintergrund beschränken sich theoretisch interessierte, x-zentrierte Analysen häufig aus pragmatischen Gründen zur Komplexitätsreduktion auf einen einfachen, eher engen Kleinstaatlichkeitsbegriff und eine oder wenige (potentiell) abhängige Variablen (vgl. Christmas-Møller 1983, S. 46). Aus den vorstehenden Überlegungen kann die folgende kleinstaatentheoretische Grundprämisse abgeleitet werden: *Von Kleinstaatlichkeit abhängige politische Phänomene werden in unterschiedlicher Art und Weise durch verschiedene Formen und Grade geringer Staatsgröße beeinflusst.*

4.4   Merkmalsspezifische Kleinstaatlichkeit

Sowohl in wissenschaftlichen Studien als auch umgangssprachlich ist es üblich, Länder mit einer strukturell geringen Anzahl bestimmter relativer Merkmale bzw. Ressourcen (meist Bevölkerungsgröße und/oder Fläche) pauschal als Kleinstaaten zu bezeichnen. Allerdings ist abgesehen von dem bereits skizzierten Problem des mehr oder weniger willkürlichen Setzens von Schwellenwerten vermutlich kein einziger

Kleinstaat in jeder Dimension klein (Geser 2001, S. 92). Der jeweils gewählte Definitionsansatz hat somit beträchtliche Auswirkungen auf die für eine Analyse geltende Grundgesamtheit an Kleinstaaten.

Es wurde bereits erläutert, dass Kleinstaatlichkeit hinsichtlich verschiedener Aspekte in unterschiedlicher Ausprägung auftreten kann. Manche Formen geringer Staatsgröße korrelieren in gewissem Umfang und/oder sind mehr oder weniger kausal miteinander verbunden; insbesondere hat eine geringe Bevölkerungszahl Auswirkungen auf viele andere Bereiche (Geser 1992, S. 632; Meckler 2006, S. 94). Andere (potentielle) Dimensionen von Kleinstaatlichkeit weisen aber offenbar wenige oder keine derartigen Zusammenhänge auf. So kann ein „augenscheinlicher" Kleinstaat hinsichtlich bestimmter Kriterien im Ländervergleich – vor allem in relativer, weniger in absoluter Perspektive – die Merkmalsausprägungen oder Werte eines relativ großen oder zumindest durchschnittlichen politischen Systems einnehmen.[2] Diese Überlegungen relativieren in gewisser Hinsicht selbst Gesers (1992, S. 631; 2001, S. 97) grundsätzlich nachvollziehbare Behauptung, zumindest Mikrostaaten seien in nahezu jeder Hinsicht (sehr) klein. Aus den vorstehenden Überlegungen kann die folgende kleinstaatentheoretische Grundprämisse abgeleitet werden: *Kleinstaaten sind nicht in ihrer Gesamtheit klein, sondern im Hinblick auf spezifische Merkmale und gegebenenfalls die jeweils damit verbundenen Auswirkungen.*

---

[2]So hat Liechtenstein beispielsweise im Vergleich mit anderen Ländern sehr wenige Einwohner und ein außerordentlich kleines Staatsgebiet (vgl. Kap. 7), verfügt aber andererseits etwa über eines der höchsten Bruttoinlandsprodukte pro Kopf, relativ hohe Berge und eine ähnliche Bevölkerungsdichte wie Deutschland. Gstöhl (2001, S. 123) weist darauf hin, dass Liechtenstein zwar im Hinblick auf viele Kriterien als Mikrostaat eingestuft werden könne, integrations- und außenpolitisch jedoch mehr einem Kleinstaat ähnele.

4.5   Reale Kleinstaaten als Mischformen

Kleine politische Systeme sind gekennzeichnet durch Kombinationen aus a) strukturellen, größenbedingten Aspekten und b) länderspezifischen Merkmalen. Dieser Umstand trägt weiter zur Komplexität kleinstaatentheoretischer Analysen bei. Eine politikwissenschaftliche Kleinstaatentheorie, deren Erkenntnisinteresse es ist, mehr Wissen über die Bedeutung des Faktors „Kleinstaatlichkeit" für ausgewählte politische Untersuchungsobjekte als abhängige Variablen zu generieren, muss stets differenzieren, welche Ausprägungen tatsächlich primär auf bestimmte Formen von geringer Staatsgröße zurückgeführt werden können und welche wahrscheinlich (vorwiegend) andere Ursachen haben.

Auffällige wie auch regelmäßige politische Erscheinungsformen haben nicht notwendigerweise ihren Ursprung in der Kleinheit eines Staatswesens, sondern können etwa geschichtlich,[3] sozio-kulturell, geographisch oder ökonomisch begründet sein.[4] Kleinstaatlich bedingte Ausprägungen und länderspezifische Merkmale ergeben nicht selten außergewöhnliche oder gar einzigartige Kombinationen in den Dimensionen polity, politics und policies: „Jeder Kleinstaat ist exzeptionell" (Waschkuhn 1993c, S. 13; ebenso Meckler 2006, S. 114), zumindest auf einem niedrigen Abstraktionsniveau. Da es bei der politikwissenschaftlichen Kleinstaatentheorie – wie bei der sozialwissenschaftlichen

---

[3]Die Kleinstaatenforschung der 1960er, 1970er und 1980er Jahre legte vor dem Hintergrund der Dekolonisierungsprozesse einen Schwerpunkt auf die Analyse des kolonialen Erbes für die Entwicklung der politischen Systeme kleiner, nunmehr unabhängiger Inselstaaten (vgl. z. B. Fanger und Illy 1981; Murray 1981; Sutton 1987).

[4]Beispielsweise ist der Umstand, dass Andorra, Liechtenstein und Monaco einst Monarchien *wurden,* wohl kaum kleinstaatlich bedingt; dass sie hingegen immer noch Fürstentümer mit zum Teil recht machtvollen Monarchen *sind,* dürfte neben historisch-institutioneller Pfadabhängigkeit viel mit der niedrigen internationalen Sichtbarkeit und der großen Bedeutung tradierter, eigentümlicher Governance-Strukturen für die kollektive nationale Identität dieser Mikrostaaten zusammenhängen (Geser 1992, S. 635).

Theoriebildung generell – allerdings vorrangig um verallgemeinerbare Aussagen geht, steht die Forschung nun einmal vor der Aufgabe, möglichst das spezifisch Kleinstaatliche in den politischen Erscheinungsformen kleiner Länder auszumachen und zu generalisieren: „Despite enormous variation in economics, culture and geography, certain features are common to all small states" (Bray 1991, S. 16). Aus den vorstehenden Überlegungen kann die folgende kleinstaatentheoretische Grundprämisse abgeleitet werden: *Reale Kleinstaaten in ihren verschiedenen Erscheinungsformen sind Kombinationen aus länderspezifischen Merkmalen und kleinstaatlich bedingten Ausprägungen.*

4.6 Länderspezifika als intervenierende Variablen

Es ist davon auszugehen, dass kleinheitsbedingte Ausprägungen und länderspezifische Merkmale in den politischen Systemen von Kleinstaaten in der Regel nicht ohne wechselseitige Beeinflussung koexistieren. Kleinstaatlichkeit kann sich (muss sich aber nicht) auf grundsätzlich größenunabhängige politische Besonderheiten auswirken und umgekehrt. Da die politikwissenschaftliche Kleinstaatentheorie im engeren Sinne primär an der Erklärungskraft der unabhängigen Variable Kleinheit interessiert ist, stellt sich vorwiegend die Frage, ob und gegebenenfalls wie länderspezifische Faktoren und eventuell auch besondere Ereignisse in Kombination mit kleinstaatlichen Merkmalen wirken. Sie können kleinstaatlich bedingte Impulse grundsätzlich a) verstärken, b) abschwächen (bis hin zur Neutralisierung) oder c) nicht tangieren.

Zudem ist festzuhalten, dass die geringe Größe eines Staates mitunter bestimmte Effekte – etwa politische Strategien und Maßnahmen – mit sich bringt, die sich häufig wiederum auf mit Kleinstaatlichkeit und länderspezifischen Faktoren verbundene Phänomene auswirken. Dies führt zu Interdependenzen und Wechselwirkungen in den Erscheinungsformen realer Kleinstaaten (vgl. Meckler 2006, S. 114). Aus den vorstehenden Überlegungen kann die folgende kleinstaatentheoretische

Grundprämisse abgeleitet werden: *Länderspezifische Merkmale und situative Besonderheiten können kleinstaatlich bedingte Ausprägungen verstärken, abschwächen, neutralisieren oder nicht tangieren.*

4.7   Kleinstaatliche Phänomene im Großstaat

Politische Merkmalsausprägungen, die häufig als eine Folge von Kleinstaatlichkeit angesehen werden, müssen nicht notwendigerweise kleinheitsbedingt sein, sondern können auch andere Ursachen haben (Äquifinalität). Größere Staaten weisen aus bestimmten Gründen etwa manchmal Institutionenarrangements oder Verhaltensweisen auf, die sonst typischerweise in kleinen politischen Systemen zu beobachten sind. Geser (2001, S. 96) nennt das Beispiel der kleinstaatlich anmutenden Außenpolitik der alten Bundesrepublik Deutschland („Bonner Republik"), die sich „aufgrund der Schwächung ihres Nationalbewusstseins durch den Zweiten Weltkrieg auf das Selbstverständnis zurückgezogen hat, ein zweitrangiger, weltpolitisch unbedeutender Staat zu sein, der sich auf enge transnationale Kooperationen und supranationale Einbindungen angewiesen sieht".

Aus der theoretischen Möglichkeit von Äquifinalität ergibt sich für die empirische Kleinstaatenforschung die mitunter schwierige und komplexe Aufgabe, durch geeignete Vorgehensweisen und Methoden bestimmte politische Phänomene möglichst eindeutig als ganz oder teilweise kleinheitsbedingt zu erkennen oder alternative kausale Faktoren zu identifizieren. Denn es ist auch vorstellbar, dass in einem kleinen politischen System zwar bestimmte kleinstaatentypische Ausprägungen beobachtet werden können, diese aber in dem betreffenden Fall ihre Ursache nicht oder nicht nur in der geringen Größe des untersuchten Staatswesens haben (vgl. 8.4.2). Aus den vorstehenden Überlegungen kann abschließend die folgende kleinstaatentheoretische Grundprämisse abgeleitet werden: *Bestimmte kleinstaatentypische Phänomene können aufgrund anderer Faktoren auch in größeren Staaten auftreten.*

Annahmen zu kleinstaatlicher Politik 5

Auf der Basis der eben skizzierten Grundprämissen einer politikwissenschaftlichen Kleinstaatentheorie sollen im Folgenden
in falsifizierbarer Form mit Rückgriff auf die einschlägige
Literatur konkrete Annahmen zu politischen Phänomenen in
Ländern von geringer Größe formuliert werden. Eine grobe
Einteilung der kleinstaatentheoretischen Annahmen wird ent-
lang der häufig verwendeten Politikdimensionen polity, politics
und policies vorgenommen (vgl. Newton und van Deth 2010).
In Ermangelung eines konsensualen Kleinstaaten- bzw. Klein-
staatlichkeitsbegriffs gehen die folgenden Überlegungen vor
allem von einer sehr geringen Bevölkerungszahl als dem am
häufigsten verwendeten Kriterium aus, das zudem eine zentrale
Primäreigenschaft mit potentiellen Auswirkungen auf zahlreiche
sozio-politische Bereiche darstellt (Geser 1992, S. 632; Meckler
2006, S. 94), aber stets auch Spielräume für länderspezifische
Merkmalsausprägungen lässt.

5.1   Polity-Dimension

5.1.1   Ausdifferenzierung der politisch-administrativen Institutionen

Moderne Kleinstaaten stehen vor der Aufgabe, trotz ihrer
begrenzten Ressourcen grundsätzlich die Erfüllung gleicher

© Springer Fachmedien Wiesbaden GmbH, ein Teil von Springer
Nature 2020
S. Wolf, *Eine Governance-Theorie des Kleinstaats*,
https://doi.org/10.1007/978-3-658-30443-0_5

oder ähnlicher Aufgaben zu gewährleisten wie größere
Länder (Gantner und Eibl 1999, S. 35). Aus funktionalen
Gründen erscheint ein gewisses Maß an institutioneller Ausdifferenzierung zur Problembearbeitung notwendig. Zudem
sehen sich kleine Staaten mit den oftmals als weltweite
Standards geltenden Governance-, Demokratie- und Rechtsstaat-
lichkeitskonzepten – u. a. dem Gewaltenteilungsprinzip und Max
Webers Bürokratiemodell – sowie den realen Ausgestaltungen
öffentlicher Institutionen in wesentlich größeren Regierungssystemen konfrontiert (Baker 1992; Dörnemann 2003; Murray
1981).

Diese Gemengelage dürfte wesentlich dazu beitragen,
dass Kleinstaaten aus absoluter Sicht womöglich funktional
eher unterkomplex erscheinende[1] und deutlich weniger aus-
differenzierte politisch-administrative Institutionen entwickeln
als größere Länder, andererseits aus relativer Perspektive im
Verhältnis zu ihrer geringen Größe jedoch immer noch häufig
„eine erstaunlich hoch differenzierte öffentliche Verwaltung
ausbilden" (Geser 1993, S. 53). Der Grad der institutionellen
Ausdifferenzierung ist allerdings stets eine Folge verschiedener Faktoren (nicht zuletzt der Staatsfinanzen) und
entspricht schon deshalb – ohne Berücksichtigung etwaiger
Skaleneffekte – keiner strikt proportionalen oder linearen
Relation zur Staatsgröße. Aus den vorstehenden Überlegungen
kann die folgende Annahme abgeleitet werden: *Kleinstaaten
weisen eine absolut betrachtet geringe, aber relativ gesehen
hohe Ausdifferenzierung ihrer politisch-administrativen
Institutionen auf.*

---

[1]Geser attestiert dem Kleinstaat eine strukturelle „Schwäche seiner
kleinformatigen Verwaltung" (1993, S. 58) bzw. einen „defizienten
öffentlichen Verwaltungsapparat" (1992, S. 641). Er weist aber auch
darauf hin, dass kleine Länder hieraus unter Umständen Vorteile bei der
Verfolgung von Nischenpolitiken ziehen können (z. B. durch bewusste
Nichtregulierung oder geringe Kontrolle bestimmter lukrativer, devianter
Wirtschaftsaktivitäten).

5.1.2 Skaleneffekte bei staatlichen Institutionen

Um ein sozialadäquates Maß an Funktionalität ihrer politisch-administrativen Systeme zu erreichen, müssen Kleinstaaten in der Regel einschlägige Institutionen in einem Umfang schaffen, der unverhältnismäßig oder überproportional im Verhältnis zur geringen Größe des Staatswesens erscheint, selbst wenn sie etwa mit Milizsystemen und Rollenkumulationen arbeiten (Waschkuhn 1990a, S. 140). Insbesondere Ökonomen sprechen in diesem Zusammenhang von „diseconomies of scale" (Kocher 2002, S. 33–34, 67). Für Kleinstaaten ist dieser Umstand zumindest bis zu einem gewissen Ausmaß in der Regel hinnehmbar, da sie die autonome Organisation legislativer, exekutiver und judikativer Kerninstitutionen als einen unverzichtbaren Teil ihrer unbedingt zu wahrenden Souveränität ansehen (Gantner und Eibl 1999, S. 80).

Hinsichtlich öffentlicher Einrichtungen, die nicht zum absoluten Kernbestand des Regierungssystems gehören, liegt grundsätzlich eine andere Konstellation vor. Auf diese Institutionen kann ein Kleinstaat bei Ressourcenmangel eher verzichten, oder er kann gegebenenfalls die entsprechenden Einrichtungen anderer Staaten mitnutzen. Die politischen Schwellen für die Akzeptanz negativer Skaleneffekte bei der eigenständigen Organisation derartiger Institutionen dürften von verschiedenen Faktoren abhängig sein, insbesondere der Finanzlage eines Kleinstaats. Aus den vorstehenden Überlegungen kann die folgende Annahme abgeleitet werden: *Kleinstaaten akzeptieren in gewissem Umfang negative Skaleneffekte bei den staatlichen Kerninstitutionen.*

5.1.3 Rezeption institutioneller Modelle

Kleine Länder können es sich angesichts begrenzter Mittel noch weit weniger leisten als größere, im Hinblick auf die Schaffung und Ausgestaltung politisch-administrativer Institutionen das Rad stets neu zu erfinden. Daher übernehmen und adaptieren

Kleinstaaten häufig ressourcensparend Modelle von ausgewählten ausländischen Regierungssystemen (vgl. Wolf 2011, S. 64), die ihnen aktuell nahe stehen und/oder historisch nahe standen. Sie kombinieren diese institutionellen Arrangements oftmals mit tradierten eigenen Einrichtungen, die für sie zur Identifikationssicherung von Bedeutung sind.[2] Aus den vorstehenden Überlegungen kann die folgende Annahme abgeleitet werden: *Kleinstaaten rezipieren häufig ausländische bzw. benachbarte institutionelle Modelle.*

5.1.4 Außergewöhnliche Institutionenarrangements zur Identitätswahrung

Aufgrund ihrer geringen Größe sind Kleinstaaten in wesentlich höherem Ausmaß ausländischen und internationalen Einflüssen ausgesetzt als größere Länder. „Nur unter Aufbietung bewusster Anstrengung auf individueller und kollektiver Ebene bleibt man lebenslänglich im innerlichen Sinne ‚Liechtensteiner', wenn man täglich […] in einem Meer von Kommunikationen und kulturellen Produktionen schwimmt, die alle den Stempel exogener Herkunft tragen" (Geser 1993, S. 50). Kleine politische Systeme stehen daher verstärkt vor der Aufgabe, die „systeminterne Konsistenz" (Waschkuhn 1990a, S. 152) zu sichern. Der Bewahrung identitätsstiftender Governance-Strukturen – die sich etwa aus kulturellen, monarchischen und/oder religiösen

---

[2]So hat Liechtenstein beispielsweise von Österreich ein starkes Verfassungsgericht und von der Schweiz umfangreiche direktdemokratische Elemente rezipiert und mit autochthonen monarchischen Elementen in eine außergewöhnliche „Mischverfassung" (Riklin 1987; Waschkuhn 1989) integriert (siehe 7.1). Verschiedene kleine postkoloniale Inselstaaten haben hingegen pfadabhängig bestimmte politisch-administrative Institutionen von ihren früheren Kolonialmächten ganz oder teilweise übernommen (vgl. z. B. Bray 1991, S. 112; Fanger und Illy 1981, S. 270).

Traditionen ergeben – kommt vor diesem Hintergrund in Kleinstaaten besondere Bedeutung zu (Gantner und Eibl 1999, S. 33; Geser 1992, S. 635).

In diesen Zusammenhang neigt kleinstaatliche Politik hinsichtlich ihrer für die kollektive Identität wichtigen Institutionenarrangements mitunter zu besonderen Formen von Trägheit, Protektionismus und Konservatismus, während sie andererseits in bestimmten Bereichen aufgrund der Abhängigkeit von externen Ressourcen sehr flexibel, umweltoffen und anpassungsfähig agieren muss. Auch große Staaten sind selbstverständlich an der Wahrung ihrer jeweiligen identitätsstiftenden Strukturen interessiert, müssen sich damit aber tendenziell weniger stark beschäftigen, weil sie sich anders als kleine Regierungssysteme im Zustand einer „basalen Zentripetalität" (Geser 1992, S. 634) befinden, einer allgegenwärtigen und umfassenden (Selbst-)Beschäftigung mit einheimischen Akteuren, Informationen, Institutionen, kulturellen Erzeugnissen, Netzwerken usw. (vgl. Senghaas 2010, S. 257). Aus den vorstehenden Überlegungen kann die folgende Annahme abgeleitet werden: *Kleinstaaten erhalten außergewöhnliche Institutionenarrangements zu Zwecken der Identitätswahrung langfristig aufrecht.*

5.2 Politics-Dimension

5.2.1 Ausdifferenzierung der Akteursstrukturen

Es wurde bereits darauf hingewiesen, dass Kleinstaaten zu einer Breite an politisch-administrativen Institutionen neigen, die aus absoluter Perspektive zwar eher überschaubar, aus relativer Sicht jedoch ziemlich komplex erscheint. Eine ähnliche Annahme lässt sich hinsichtlich der politischen Akteursstrukturen formulieren. In Kleinstaaten existieren tendenziell weniger Akteure als in größeren Ländern, die an der Vorbereitung, Entscheidung und Implementation kollektiv-verbindlicher Normen beteiligt sind.

Dementsprechend dürften die Beziehungen zwischen diesen politisch relevanten Akteuren auch weniger ausdifferenziert sein als in größeren Staaten. Geser (1993, S. 61) weist darauf hin, „dass die Gesamtzahl an Interaktionsbeziehungen, die zwischen Angehörigen einer sozialen Gruppe möglich sind, im progressiven Verhältnis zur Gruppengröße steigt". In einem Mikrostaat kennt innerhalb der politischen Elite tatsächlich fast jeder jeden (vgl. Waschkuhn 1990b, S. 21), und regiert wird in einem „strukturnotwendig dichten oder kurzgeschlossenen Geflecht der Kommunikations- und Einflussbeziehungen" (Waschkuhn 1990b, S. 25).

Große politische Systeme zeichnen sich durch eine Vielzahl an Akteuren und komplexe Netzwerke aus (vgl. Dahl und Tufte 1974, S. 40). Aus relativer Sicht erscheint die Ausdifferenzierung der Akteursstrukturen in Kleinstaaten trotz begrenzter personeller Ressourcen verhältnismäßig vielschichtig, denn eine vergleichsweise „hoch differenzierte öffentliche Verwaltung" (Geser 1993, S. 53) und die Mitglieder des politischen Entscheidungszentrums – die oft mehrere Rollen innehaben – interagieren aus funktionalen Gründen mit diversen intermediären und ausländischen Akteuren in unterschiedlichen Settings. Aus den vorstehenden Überlegungen kann die folgende Annahme abgeleitet werden: *Kleinstaaten weisen eine absolut betrachtet geringe, aber relativ gesehen hohe Ausdifferenzierung ihrer Akteursstrukturen auf.*

5.2.2 Partizipative Politik

Die Bürger demokratischer Kleinstaaten haben theoretisch eine bessere Möglichkeit zur Mitgestaltung politischer Entscheidungen, die von ihren Regierungssystemen getroffen werden: „Smaller democracies provide more opportunity for citizens to participate effectively in decisions" (Dahl und Tufte 1974, S. 13). Das ist auch eine zentrale Argumentationsfigur von Vertretern der normativen Kleinstaatentheorie (z. B. Kohr 1995;

vgl. Senghaas 2010, S. 253).[3] Die Wege zu den politischen und administrativen Entscheidungsträgern sind kürzer (Bray 1991, S. 27; Waschkuhn 1990b, S. 18), und die strukturellen Voraussetzungen zur Einbindung vieler Bürger in politische Prozesse sind besser (vgl. Geser 1993, S. 51; Christmas-Møller 1983, S. 49): „Government touches the citizen directly; it is not a far-off mystery" (Rapaport et al. 1971, S. 153). Es existiert allerdings hinsichtlich politischer Beteiligung kein Automatismus, das heißt Kleinstaatlichkeit „does not necessarily ensure greater participation" (Richards 1982, S. 159).

Versammlungsdemokratische Elemente, die in großen Ländern höchstens auf kommunaler Ebene realisierbar sind, können in Kleinstaaten theoretisch mit mehr Bedeutung für das gesamte politische System institutionalisiert werden. Kleinstaatlichkeit bedeutet nicht notwendigerweise umfangreiche direktdemokratische Instrumente (vgl. Anckar 2003); existieren allerdings direktdemokratische Verfahren, dürfte ihre Anwendbarkeit aufgrund der relativ niedrigen Zahl an Abstimmungsberechtigten tendenziell bürgerfreundlicher sein, denn die Stimme jedes Abstimmenden hat mehr Gewicht als in einem großen politischen System. Demokratische Politik im Kleinstaat ist nicht zuletzt auch deshalb prinzipiell partizipativer als in einem größeren Land, weil ein höherer Prozentsatz der Bürger direkt in – gegebenenfalls verschiedenen – Funktionen im politisch-administrativen System tätig ist. Zudem repräsentieren Inhaber politischer (Wahl-)Ämter teilweise deutlich weniger Einwohner als in größeren Staaten, was grundsätzlich mehr Bürgernähe impliziert. Aus den vorstehenden Überlegungen kann die folgende Annahme abgeleitet werden: *(Demokratische) Kleinstaaten praktizieren strukturell eine partizipativere Politik als größere Länder.*

---

[3]Die Kehrseite dieses prinzipiellen Vorteils ist nach Dahl und Tufte (1974, S. 13) der Umstand, dass kleine und daher oft abhängige politische Systeme über recht viele ihre Bürger betreffende Fragen aufgrund externer Entscheidungen nicht autonom bestimmen können (vgl. auch Christmas-Møller 1983, S. 49).

5.2.3 Aufgabenportfolios, Rollenkumulation und Milizprinzip

In modernen Kleinstaaten steht für eine umfangreiche Palette an zu erfüllenden politisch-administrativen Aufgaben üblicherweise *„nur eine geringe Anzahl von regelmäßig handelnden Mitgliedern zur Verfügung"* (Geser 1980, S. 207, kursiv im Original). Hieraus ergeben sich vier zusammenhängende Tendenzen: ein Akteur in Politik und/oder öffentlicher Verwaltung a) muss ein breites Spektrum an Tätigkeiten bewerkstelligen (Bray 1991, S. 116); b) agiert in unterschiedlichen Funktionen (Rollenkumulation) (Richards 1982, S. 157); c) nimmt verschiedene Rollen notwendigerweise nur neben- oder ehrenamtlich wahr (Milizprinzip) (Geser und Höpflinger 1976, S. 38); und d) ist aufgrund seines in der Praxis erworbenen Spezialwissens vergleichsweise schwer ersetzbar (Waschkuhn 1990a, S. 140). Aus den vorstehenden Überlegungen kann die folgende Annahme abgeleitet werden: *Breite Aufgabenportfolios, Rollenkumulation und das Milizprinzip prägen politische Prozesse in Kleinstaaten.*

5.2.4 Konsensorientierte, personalisierte und exekutiv geprägte Politik

Kleine politische Systeme weisen in der Regel relativ überschaubare politisch-administrative Eliten auf, die in recht engen Kommunikations- und Austauschprozessen stehen und immer wieder miteinander interagieren und Entscheidungen für das Gemeinwesen treffen (müssen) (vgl. Geser 1993, S. 63). Nach Ansicht von Bray (1991, S. 69) ist in Kleinstaaten ein stärkeres Bedürfnis für konsensuale Entscheidungsfindung im Zusammenhang mit der Notwendigkeit zu sehen, Strategien für „managed intimacy" zu entwickeln. Geser (1991, S. 118) argumentiert, „dass es für kleine Staaten zwar keineswegs *kausal zwingend,* sehr wohl aber *funktional* sein kann, inklusive Konkordanzregierungen anstatt *exklusive Mehrheitsregierungen* zu etablieren und als Modus politischer Entscheidungsfindung eher *Verhandlungsverfahren* anstatt *Mehrheitsabstimmungen* zu benutzen" (kursiv im Original). Rush (2013, S. 185) konstatiert, dass „the emphasis on government by consensus [...] appears to be more common in small rather than large legislatures".

Konkordanzverfahren, überparteiliche Kooperationen oder auch große Regierungskoalitionen (vgl. Eccardt 2005, S. 81) bzw. Formen von „Proporzdemokratie" oder „consociational democracy" (Eisenstadt 1977, S. 76) ermöglichen gegebenenfalls eine optimalere Ausschöpfung knapper personeller Ressourcen, eine flexiblere Adaption an eine dominante Umwelt, die Prävention von Konflikten und eine Stabilisierung des politisch-administrativen Systems (Geser 1991, S. 101–118). Vor dem Hintergrund ihrer Ressourcenknappheit dürften kleine Länder in besonderer Weise zu konfliktpräventiven Verfahren neigen, weil „unnötige Polarisierungen für das einzelne Mitglied und das betreffende Handlungssystem ansonsten mit ‚hohen Kosten' (im sozialen Sinne) verbunden wären" (Waschkuhn 1990b, S. 26). Gruppenkonflikte bedeuten für einen Kleinstaat eine größere Gefahr, weil sie dort leichter das ganze politische System erfassen und in Mitleidenschaft ziehen könnten (Dahl und Tufte 1974, S. 92; vgl. Richards 1982, S. 170).[4]

Angesichts nur begrenzt professionalisierter Parteien und geringer ideologischer bzw. programmatischer Unterschiede zwischen den Parteien ist der politische Wettbewerb in Kleinstaaten oft primär durch persönliche Auseinandersetzungen oder personenenbezogene Spaltungslinien gekennzeichnet und weniger durch klassische Parteienkonkurrenz (Veenendaal 2013b, S. 254; Waschkuhn 1990a, S. 143): „Even in a micro-state where a party system has developed more fully the style still remains highly personalised" (Richards 1990, S. 45). Eine starke Konzentration der knappen Ressourcen bei der Regierung und ihrem administrativen Unterbau sorgt in der Regel dafür, dass die Exekutive in den verschiedenen Phasen der

---

[4]Anderer Auffassung zur hier und in der Literatur wohl immer noch mehrheitlich vertretenen grundsätzlichen Konsensneigung von Kleinstaaten z. B. Veenendaal (2013a, S. 266) und Warrington (1998, S. 105).

politischen Entscheidungsfindung im Kleinstaat eine besonders
dominierende Rolle spielt (Eisenstadt 1977, S. 76; Richards
1982, S. 158; Veenendaal 2013a, S. 268, 271; Waschkuhn
1990a, S. 143): „the most basic consequence of smallness for
the functioning of political institutions in the state is the trans-
fer of power from institutions such als the legislature and the
parties to the executive branch. This is largely a byproduct of
the personalization of power that is endemic to small states" (Ott
2000, S. 101). Aus den vorstehenden Überlegungen kann die
folgende Annahme abgeleitet werden: *Kleinstaaten tendieren
zu konsensualen Entscheidungen, konfliktpräventiven Verfahren,
personalisierter Politik und exekutiver Dominanz.*

5.2.5 Thematische Konzentration der politischen Debatte

Auch in großen Ländern schaffen es regelmäßig nur wenige
politische Themen, eine starke und länger anhaltende öffentliche
Aufmerksamkeit von Politikern, Verwaltungsmitarbeitern,
Medien, Verbänden und sonstigen Akteuren auf sich zu ziehen.
Aufgrund der geringeren Informationsverarbeitungskapazitäten
kleiner politischer Systeme dürfte sich die dortige politische
Debatte auf noch weniger issues konzentrieren. Der einzelne
politische oder administrative Akteur hat tendenziell ein
breiteres Aufgabenspektrum zu bewältigen und verschiedene
Funktionen oder Rollen wahrzunehmen (Waschkuhn 1990a,
S. 140). Er oder sie vermag daher nur wenige Bereiche intensiv
zu bearbeiten; vielen Themen kann sich ein Akteur nicht oder
nur oberflächlich widmen und muss sie bewusst oder unbewusst
anderen überlassen (und hoffen, dass sie etwa von privaten,
ausländischen oder internationalen Akteuren im Sinne der
jeweiligen kleinstaatlichen Politik gehandhabt werden).
    Die soeben skizzierten Tendenzen werden durch die begrenzten
Ressourcen kleinstaatlicher Medien – und die damit einhergehende
Neigung zu reaktiver Verlautbarung anstelle proaktiver Recherche
oder Agendasetzung – verstärkt (vgl. Marxer 2004, S. 292, 298).
Manche prominente Themen ziehen sehr viel Aufmerksamkeit auf

sich und lassen wenig Raum für die öffentliche Diskussion anderer Gegenstände, die unter Umständen ebenfalls politisch wichtig sind. Diese Materien dürften dann nicht selten ohne größere Öffentlichkeit und nennenswerte Debatten von den politisch-administrativen Institutionen „verwaltet" und entschieden werden. Bezogen auf die mitunter sehr geringe Staatsgröße – also aus relativer und nicht absoluter Sicht – finden in Kleinstaaten zwar tendenziell noch verhältnismäßig viele politische Themen mediale Beachtung (bzw. bleiben in großen Ländern deutlich mehr Gegenstände öffentlich unbeachtet), aber die meisten kommen über eine knappe Behandlung wohl kaum hinaus; eine vertiefte und länger-fristige Auseinandersetzung zwischen verschiedenen Akteuren dürfte hier eher selten stattfinden. Aus den vorstehenden Über-legungen kann die folgende Annahme abgeleitet werden: *In Klein-staaten konzentriert sich die politische Debatte auf sehr wenige Themen.*

5.2.6 Interaktion mit und Steuerung durch das Ausland

Große Länder weisen heute in der Regel vielfältige Aus-tauschbeziehungen mit anderen Staaten auf. Sie sind dennoch strukturell binnenorientierter als Kleinstaaten (Geser 1992, S. 634). Letztere haben u. a. eine deutlich „umfangreichere soziale Kontaktfläche zur Umwelt", existieren in einen permanenten Zustand „natürlicher Zentrifugalität" und müssen sich ständig an externe Impulse und „exogen konstituierte Situationsbedingungen" anpassen (Geser 1993, S. 48–49). Zwar sind heutzutage alle politischen Systeme in diverse grenzüber-schreitende Netzwerke eingebunden. Für große Länder mit einer tendenziell höheren Anzahl an innerstaatlichen Interaktionen, Prozessen und Kapazitäten sind die externen Einflüsse allerdings relativ gesehen von geringerer Bedeutung. Die politische Kooperation mit den Nachbarstaaten ist für Kleinstaaten oft von besonderer Wichtigkeit, um mit bestimmten Ressourcenknapp-heiten umzugehen.

Bei der politisch-administrativen Interaktion mit anderen
Ländern erweisen sich die knappen Verwaltungskapazitäten
kleiner Staaten als Hindernis. Internationale und multilaterale
Organisationen erleichtern Kleinstaaten das Aufrechterhalten
von Kontakten zu vielen anderen Ländern (Geser 1992, S. 645),
doch auch hier müssen die kleinstaatlichen Regierungen ihre
Aktivitäten aufgrund ihrer geringen Ressourcen sehr gezielt
und punktuell einsetzen (Gstöhl und Frommelt 2011, S. 30;
Thorhallsson 2004, S. 345–346). Der signifikante fremd-
bestimmende Einfluss externer politischer Entscheidungen
auf das kleinstaatliche politische System dürfte von dessen
Akteuren zumindest bis zu einem gewissen Grad als mehr oder
weniger unvermeidlich und implizit notwendig – da nicht zuletzt
auch organisationsentlastend – akzeptiert werden. Aus den vorstehenden Überlegungen kann die folgende Annahme abgeleitet
werden: *Kleinstaaten zeichnen sich durch beträchtliche Interaktion mit dem Ausland und Steuerung durch das Ausland aus.*

5.3   Policy-Dimension

5.3.1   Ausdifferenzierung der politischen Regulierung

Moderne Kleinstaaten stehen vor der Herausforderung, grund-
sätzlich einen ähnlichen Umfang an öffentlichen Aufgaben zu
erfüllen wie größere Länder (Gantner und Eibl 1999, S. 35).
Aufgrund ihrer knappen Ressourcen können sie jedoch nicht alle
Politikfelder intensiv bearbeiten. In der Folge regulieren kleine
Regierungssysteme üblicherweise einige Sektoren lediglich
oberflächlich, outsourcen manche Aufgaben und regeln gewisse
Bereiche bewusst nicht oder kaum,[5] um im Ländervergleich

---

[5]Maas (2009, S. 68) weist darauf hin, dass in manchen „disciplines a
‚small' or ‚smaller' state often refers to a state with little or less government
involvement in society or the national economy".

Regulierungsnischen auszunutzen: „Sie können aus der Not ihres defizienten öffentlichen Verwaltungsapparats leicht dadurch eine ‚Tugend' machen, dass sie explizit auf die Erhebung administrativ aufwendiger Steuern (z. B. für juristische Personen) verzichten, dem Banken- und Versicherungsgewerbe einen von staatlicher Aufsicht weitgehend unabhängigen Aktionsraum gewähren oder durch Bewilligung von Glücksspielen Ströme zahlungskräftiger Touristen auf sich ziehen" (Geser 1992, S. 641; zur Problematik kleinstaatlicher Steueroasen siehe Meckler 2006, S. 112).

Die tendenziell geringere Regulierungsdichte in Kleinstaaten hat vor diesem Hintergrund im Wesentlichen folgende potentielle Ursachen: a) eine ressourcenbedingte Konzentration auf wichtige Aufgaben und Politikfelder, b) eine bewusste Nichtregulierung bestimmter Sektoren zur strategischen Besetzung und Ausnutzung ökonomischer Nischen und c) etwaige länderspezifische Faktoren.[6] Der absolut gesehen geringe Bestand an Regelungen sollte aber nicht darüber hinwegtäuschen, dass vor allem hochentwickelte kleine Länder aus relativer Sicht, das heißt unter Berücksichtigung ihrer zum Teil sehr limitierten politisch-administrativen Ressourcen und Informationsverarbeitungskapazitäten, noch verhältnismäßig viele Bereiche aktiv regulieren. Aus den vorstehenden Überlegungen kann die folgende Annahme abgeleitet werden: *Kleinstaaten bearbeiten absolut betrachtet wenige, aber relativ gesehen noch viele Politikfelder aktiv und weisen eine geringe Regulierungsdichte auf.*

---

[6]So muss beispielsweise Liechtenstein aufgrund seiner kleinstaatlichen Infrastruktur und Lage keine Regelungen für Hochseeschifffahrt, Kernkraftwerke, nationale Streitkräfte, internationale Flughäfen und Autobahnen erlassen. Die Anzahl der Rechtsnormen mit innerstaatlichen Impulsen ist im Fürstentum im Vergleich zu Rechtsakten mit europäischem, internationalem oder schweizerischem Hintergrund recht bescheiden (Frommelt 2011b, S. 23).

5.3.2 Outsourcing öffentlicher Aufgaben

Die autonome Erfüllung sämtlicher öffentlicher Aufgaben ist für kleine Länder zumeist nicht möglich oder wäre mit außerordentlich hohen Kosten verbunden. Kleinstaaten „do not provide or, if possible, only partially provide certain public goods" (Kocher 2002, S. 68). In der Regel müssen sie die Bereitstellung etlicher Güter lediglich gewährleisten und diese nicht notwendigerweise selbst produzieren (Niedermann 1973, S. 82). Öffentliche Leistungen, die ohne nennenswerte negative Skaleneffekte erbracht werden können, und die nicht bereits von anderer Seite ohnehin zur Verfügung stehen, wird ein kleines Land voraussichtlich selbst erzeugen (Gantner und Eibl 1999, S. 73). In anderen Fällen kann ein Kleinstaat häufig im Rahmen von Kooperationen – nicht selten unter Preisgabe von Souveränitätsanteilen – die Ressourcen anderer Länder mitnutzen und sich gegebenenfalls „als überaus erfolgreicher ‚Trittbrettfahrer' (free rider) und ‚Rosinenpicker' erweisen" (Waschkuhn 1990b, S. 16). „In gewissen Fällen ziehen Mikrostaaten es auch vor, bestimmte öffentliche Dienstleistungen gar nicht bereitzustellen, wenn es sich dabei um Güter handelt, die auch privat angeboten werden können" (Friese 2011, S. 66).

Es ist allerdings nicht davon auszugehen, dass kleine Länder jegliche Aufgaben mit hohen negativen Skaleneffekten tendenziell outsourcen: „Der Kleinstaat wird jene Staatsaufgaben, die ihm seine Souveränität, Identität und Prosperität sichern helfen, ohne Rücksicht auf die Ausgabenintensität selbst erfüllen" (Gantner und Eibl 1999, S. 73). Folglich ist anzunehmen, dass kleine Regierungssysteme insbesondere politisch-administrative Kerninstitutionen sowie für die politische Identität wichtige Einrichtungen autonom aufrechterhalten und wirtschaftspolitische Kompetenzen von strategischer Bedeutung (einschließlich diesbezüglicher Entscheidungsstrukturen) nicht in Form von Outsourcing aus der Hand geben. Aus den vorstehenden Überlegungen kann die folgende Annahme abgeleitet werden: *Kleinstaaten neigen bei der Erfüllung öffentlicher Aufgaben – außer bei souveränitäts-, identitäts- und wirtschaftspolitischen Kernaufgaben – zum Outsourcing.*

5.3.3 Übernahme externer Regelungen

Die umfangreiche Rezeption internationaler Normen und ausländischer Rechtsakte – vor allem aus benachbarten Ländern und Kooperationsstaaten (Friese 2011, S. 62) – erscheint für ein kleines politisches System aus mindestens drei Gründen trotz der damit verbundenen Autonomieeinbußen vorteilhaft: a) Die Übernahme externer Regelungen ist kostensparend (Gantner und Eibl 1999, S. 83); b) kleine Länder können so im Fall von Personalmangel oder drohenden Interessenkonflikten leichter ausländische Rechtsexperten (etwa als Richter) anwerben und einsetzen (vgl. Wolf 2011, S. 64); c) angesichts der Tatsache, dass „alle wirtschaftlich erfolgreichen Kleinstaaten ausnahmslos eine stark exportorientierte Ökonomie" besitzen (Geser 1992, S. 638), werden auf diese Weise grenzüberscheitende Wirtschaftstransaktionen ermöglicht und erleichtert. Kleine Regierungssysteme verfügen über „eine reiche Skala von Rezeptionsformen" (Häberle 1993, S. 162).

Kleinstaaten tendieren vor diesem Hintergrund dazu, in vielen Politikfeldern „Policy-Taker" zu sein (vgl. Frommelt 2011a, S. 42). In Bereichen, in denen Regulierungsunterschiede jedoch ökonomisch relevante Nischen mit Wettbewerbsvorteilen gegenüber anderen Ländern darstellen (vgl. Gantner und Eibl 1999, S. 30), dürften Kleinstaaten aus strategischen Gründen gezielt kein ausländisches Recht oder höchstens entsprechend abgewandelte Regelungen implementieren. Aus den vorstehenden Überlegungen kann die folgende Annahme abgeleitet werden: *Kleinstaaten übernehmen in beträchtlichem Umfang ausländische und internationale Regelungen, außer in Sektoren mit Nischenfunktion.*

5.3.4 Flexible und strukturkonservative Politik

Kleine Länder sind deutlich mehr als große Staaten darauf angewiesen, „eine Kombination aus innerer Geschlossenheit und einer adaptiven Flexibilität nach außen" zu realisieren (Eisenstadt 1977, S. 73; Waschkuhn 1990a, S. 143). Die Folge ist häufig eine durch „pragmatic conservatism" (Sutton 1987, S. 18) geprägte Politik. Kleinstaaten müssen sich an wandelnde Umweltbedingungen, die etwa ihre Prosperität gefährden, sehr schnell anpassen, weil ihre kleinen Binnenökonomien nur ein geringes (autarkes) Wirtschaftspotential aufweisen. Da sie hierbei aufgrund ihrer knappen Ressourcen und einer komplexen und sich beständig verändernden Umwelt oftmals nicht in der Lage sind, langfristige Strategien auszuarbeiten, konzentriert sich politische Steuerung im Kleinstaat nicht selten „auf ein kurzfristiges Krisenmanagement und begnügt sich ansonsten der Tendenz nach mit einem prinzipienlosen ‚muddling through'" (Waschkuhn 1990a, S. 150).

Aus der pragmatischen (Außen-)Wirtschaftspolitik resultierende, mitunter sehr liberale und flexible policies stehen in deutlichem Kontrast zu manchen überwiegend innenpolitischen Bereichen und Politikfeldern, in denen Kleinstaaten oftmals verhältnismäßig konservative und veränderungsresistente Institutionen und Regelungen kultivieren, die für ihre innere Geschlossenheit, gesellschaftliche Befriedung und sozio-kulturelle Identität von besonderer Bedeutung sind (vgl. 5.1.4). Die folgende Annahme kann aus den vorstehenden Überlegungen abgeleitet werden: *Kleinstaaten zeichnen sich einerseits durch sehr liberale und flexible Politiken sowie andererseits durch extrem konservative und unflexible policies aus.*

5.3.5 Ambivalenz internationaler Verrechtlichung

Noch bis weit ins 20. Jahrhundert hinein wurden vor allem sehr kleine Länder nicht allgemein als souveräne Staaten im internationalen System betrachtet. Erst seit wenigen Jahrzehnten können selbst zwischenstaatlich anerkannte Mikrostaaten mit weniger als 100.000 Einwohnern relativ problemlos Internationalen Organisationen und multilateralen Verträgen beitreten und somit von den Vorteilen des Völkerrechts profitieren, das formal von der rechtlichen Gleichheit aller Staaten ausgeht und beispielsweise kodifizierte Konfliktlösungsmechanismen wie

Verfahren vor internationalen Gerichtshöfen vorsieht (Bauden-bacher 2004, S. 213; Meckler 2006, S. 104). Internationale Verrechtlichung wirkt für Kleinstaaten daher grundsätzlich souveränitätssichernd und organisationssparend (Geser 1992, S. 652).

Andererseits stehen kleine Länder vor dem Dilemma, dass die mit der Internationalisierung verbundene Rechtsvereinheit-lichung der Tendenz nach immer mehr ökonomisch profitable Regulierungsnischen verschließt (vgl. Friese 2011, S. 68). Nur in Teilbereichen gelingt es Kleinstaaten, vor dem Beitritt zu internationalen Regimen Sonderkonditionen, Ausnahmen oder befristete Übergangsbestimmungen auszuhandeln und sich so einem „level playing field" zumindest partiell oder temporär zu entziehen (für Liechtenstein im Europäischen Wirtschaftsraum vgl. Frommelt 2016b); in vielen Fällen pochen die größeren Länder auf annähernd gleiche Rechte und Pflichten für alle Ver-tragsparteien.[7] Das führt nach Ansicht von Waschkuhn (1990a, S. 153) zu folgender Entwicklungstendenz: „Die bisherigen Nischenlagen und Sonderwege werden enger, knapper und aus-gedünnter ausfallen, auch der Kleinstaat wird sich in vielerlei Hinsicht ‚normalisieren' müssen". Aus den vorstehenden Überlegungen kann die folgende Annahme abgeleitet werden: *Internationale Verrechtlichung dient Kleinstaaten zur Souveräni-tätssicherung, bedeutet für sie aber auch tendenziell eine Ver-nichtung von Regulierungsnischen.*

5.4 Zusammenfassung

Die in diesem Kapitel herausgearbeiteten Annahmen zu klein-staatlicher Politik lassen sich wie folgt tabellarisch zusammen-fassen (Tab. 5.1):

---

[7]So argumentiert beispielsweise Kocher (2004, S. 187), „dass etwa die Mit-gliedschaft in der EU den souveränen Handlungsspielraum gerade in diesen für Kleinstaaten zentralen Bereichen immer stärker einschränkt".

Tab. 5.1 Theoretische Annahmen zu besonderen Merkmalen kleiner politischer Systeme

(1) Polity-Dimension	(2) Politics-Dimension	(3) Policy-Dimension
(1.1) Kleinstaaten weisen eine absolut betrachtet geringe, aber relativ gesehen hohe Ausdifferenzierung ihrer politisch-administrativen Institutionen auf (1.2) Kleinstaaten akzeptieren in gewissem Umfang negative Skaleneffekte bei den staatlichen Kerninstitutionen (1.3) Kleinstaaten rezipieren häufig ausländische bzw. benachbarte institutionelle Modelle (1.4) Kleinstaaten erhalten außergewöhnliche Institutionenarrangements zu Zwecken der Identitätswahrung langfristig aufrecht	(2.1) Kleinstaaten weisen eine absolut betrachtet geringe, aber relativ gesehen hohe Ausdifferenzierung ihrer Akteursstrukturen auf (2.2) (Demokratische) Kleinstaaten praktizieren strukturell eine partizipativere Politik als größere Länder (2.3) Breite Aufgabenportfolios, Rollenkumulation und das Milizprinzip prägen politische Prozesse in Kleinstaaten (2.4) Kleinstaaten tendieren zu konsensualen Entscheidungen, konfliktpräventiven Verfahren, personalisierter Politik und exekutiver Dominanz (2.5) In Kleinstaaten konzentriert sich die politische Debatte auf sehr wenige Themen (2.6) Kleinstaaten zeichnen sich durch beträchtliche Interaktion mit dem Ausland und Steuerung durch das Ausland aus	(3.1) Kleinstaaten bearbeiten absolut betrachtet wenige, aber relativ gesehen noch viele Politikfelder aktiv und weisen eine geringe Regulierungsdichte auf (3.2) Kleinstaaten neigen bei der Erfüllung öffentlicher Aufgaben – außer bei souveränitäts-, identitäts- und wirtschafts-politischen Kernaufgaben – zum Outsourcing (3.3) Kleinstaaten übernehmen in beträchtlichem Umfang ausländische und internationale Regelungen, außer in Sektoren mit Nischenfunktion (3.4) Kleinstaaten zeichnen sich einerseits durch sehr liberale und flexible Politiken sowie andererseits durch extrem konservative und unflexible policies aus (3.5) Internationale Verrechtlichung dient Kleinstaaten zur Souveränitätssicherung, bedeutet für sie aber auch tendenziell eine Vernichtung von Regulierungsnischen

Quelle: Wolf (2016a), S. 7, leicht modifiziert

Annahmen zu Governance im Kleinstaat

Die Governance-Forschung steht grundsätzlich vor der Aufgabe, die sie interessierenden „Merkmale kontextbezogen zu präsentieren und die analytische Perspektive mit geeigneten Theorien […] umzusetzen" (Benz 2004, S. 27). Zur Beantwortung des zweiten Teils der maßgeblichen Forschungsfrage – wie sich Kleinstaatlichkeit aus theoretischer Sicht auf Governance-Formen auswirkt (2.1) –, soll im Folgenden auf einige der in den vorigen Kapiteln diskutierten Annahmen, Konzepte und Erkenntnisse von Kleinstaaten- und Governance-Theorie zurückgegriffen werden. Hypothesen auf hohem Abstraktionsniveau hinsichtlich der unabhängigen Variable (geringe Größe des politischen Systems) können aus den kleinstaatentheoretischen Überlegungen (Kap. 5) abgeleitet werden, während die politikwissenschaftliche Governance-Theorie (Abschn. 3.3) einen analytischen und begrifflichen Rahmen für die abhängige Variable (Entscheidungs- und Regelungsmechanismen) liefert, insbesondere in Gestalt der zentralen Governance-Formen Hierarchie, Verhandlungen und Wettbewerb.

Vor diesem Hintergrund legen die allermeisten in Kap. 5 herausgearbeiteten theoretischen Annahmen zu besonderen Merkmalen kleiner politischer Systeme keinen spezifischen Governance-Modus nahe. So lassen sich etwa aus der absolut betrachtet geringen, aber relativ gesehen hohen Ausdifferenzierung

© Springer Fachmedien Wiesbaden GmbH, ein Teil von Springer Nature 2020
S. Wolf, *Eine Governance-Theorie des Kleinstaats*,
https://doi.org/10.1007/978-3-658-30443-0_6

kleinstaatlicher   politisch-administrativer   Institutionen   (5.1.1)
oder der Akzeptanz negativer Skaleneffekte bei den staatlichen Kerninstitutionen (5.1.2) kaum spezifische Governance-
Formen ableiten. Die Rezeption ausländischer bzw. benachbarter
institutioneller Modelle (5.1.3) kann zwar schon zu bestimmten
Governance-Modi führen, allerdings hängt dies von den jeweils
übernommenen Institutionen ab, was eine Generalisierung für
sämtliche Kleinstaaten eher ausschließt. Diese Folgerung gilt analog wohl auch für die Annahme, dass kleine politische Systeme
außergewöhnliche – d. h. in der Regel länderspezifische –
Institutionenarrangements zu Zwecken der Identitätswahrung langfristig aufrecht erhalten (5.1.4).

Eine absolut betrachtet geringe Ausdifferenzierung kleinstaatlicher Akteursstrukturen (5.2.1) erleichtert politische Entscheidungsfindung im Governance-Modus „Verhandlungen".
Auch die Neigung demokratischer Kleinstaaten zu strukturell
erhöhter Partizipation (5.2.2) kann zu verstärktem Auftreten
dieser Governance-Form führen. Aus breiten Aufgabenportfolios, Rollenkumulation und dem Milizprinzip (5.2.3) lässt
sich hingegen kein spezifischer Governance-Modus ableiten.
Eine kleinstaatliche Tendenz zu konfliktpräventiven und
konsensualen Entscheidungen (5.2.4) spricht für Verhandlungen
in signifikantem Ausmaß, personalisierte Politik (5.2.4) für
politischen Wettbewerb, der nur begrenzt durch Parteien
geprägt wird, und exekutive Dominanz (5.2.4) für hierarchische
Governance. Die Konzentration der politischen Debatte im
Kleinstaat auf sehr wenige Themen (5.2.5) sowie die beträchtliche Interaktion mit dem Ausland und Steuerung durch das Ausland (5.2.6) legen keine bestimmten Governance-Formen nahe.

Die Bearbeitung weniger Politikfelder und die geringe
Regulierungsdichte in kleinen politischen Systemen (5.3.1)
wie auch die kleinstaatliche Neigung zum Outsourcing
öffentlicher Aufgaben (5.3.2) implizieren keine spezifischen
Governance-Modi. Demgegenüber legt die umfangreiche
Rezeption ausländischer und internationaler Regelungen
(5.3.3) zumindest diesbezüglich hierarchische Steuerung in
Kleinstaaten nahe, weil Außenpolitik in ihren verschiedenen
Facetten in der Regel eine Domäne der Exekutive ist.

Die kleinstaatentheoretische Annahme zu flexiblen Politiken
einerseits und strukturkonservativen policies andererseits (5.3.4)
spricht für keine bestimmte Governance-Form. Diese Folgerung
gilt schließlich wohl auch für die Aussage, dass internationale
Verrechtlichung Kleinstaaten zur Souveränitätssicherung dient,
für sie aber auch tendenziell eine Vernichtung von Regulierungsnischen bedeutet (5.3.5).

Die vorstehenden Überlegungen können folgendermaßen
zusammengefasst werden: Aus einer Governance-Perspektive,
die sich auf die drei zentralen Governance-Formen Hierarchie,
Verhandlungen und Wettbewerb konzentriert (siehe 3.3), ist die
politische Entscheidungsfindung in kleinen Regierungssystemen
unter vorläufiger Außerachtlassung etwaiger intervenierender
Variablen tendenziell durch 1) stark exekutiv geartete (Quasi-)
Hierarchie, 2) eine ausgeprägte Konsens- bzw. Kompromissorientierung und 3) eher schwachen Parteienwettbewerb
gekennzeichnet. In der Literatur wird auf die Notwendigkeit
der Theoriespezifikation hingewiesen: „Theorien [sollten] den
kausalen Mechanismus spezifizieren, der Ursache und Wirkung
verbindet, und darlegen, durch welchen Prozess die Ursache
die kausale Wirkung ausübt" (Gschwend und Schimmelfennig
2007, S. 16). In den folgenden Abschnitten, welche die eben
skizzierten Governance-Annahmen etwas detaillierter erläutern,
wird versucht, auf diese kausaltheoretischen Punkte näher
einzugehen.

6.1 Hierarchie

In der politikwissenschaftlichen Kleinstaatenliteratur wird
häufig betont, dass die Exekutive die Regierungssysteme
kleiner Staaten mehr oder weniger stark dominiert (z. B. Eisenstadt 1977, S. 76; Richards 1982, S. 158; Veenendaal 2013a,
S. 268, 271; Waschkuhn 1990a, S. 143). Ein Hauptgrund
hierfür sind die begrenzten politischen und administrativen
Ressourcen kleiner Länder, die tendenziell zu einem Großteil
bei der Regierung und ihr nachgelagerten Behörden konzentriert
sind. Dies hat mitunter zur Folge, dass wenig Kapazitäten und

Spielräume für eine einflussreiche politische Opposition innerhalb und außerhalb des Parlaments bestehen (Bray 1991, S. 22;
Ott 2000, S. 104; Sutton 1987, S. 19).

Regierung und öffentliche Verwaltung prägen und bestimmen
vor diesem Hintergrund maßgeblich die verschiedenen Phasen
des Policy-Zyklus, insbesondere bei der Rezeption ausländischer
und internationaler Regelungen. Daraus resultiert die *Annahme,
dass Entscheidungs- und Rechtsetzungsprozesse in Kleinstaaten
zu einer besonders starken politischen Steuerung durch die
Regierung neigen und somit vielfach (quasi-)hierarchische Züge
aufweisen, wenn intervenierende kontextuelle und länderspezifische Faktoren dem nicht entgegenwirken.*

6.2 Verhandlungen

Es wird in der einschlägigen Literatur allerdings auch immer
wieder die Auffassung vertreten, dass kleine politische Systeme
typischerweise zu konsens- bzw. konkordanzorientierter Entscheidungsfindung tendieren (etwa Geser 1991; Lehmbruch
1991; Waschkuhn 1990a, S. 141). In Kleinstaaten sind die Ein-
stellungen und Präferenzen der Bürger oftmals homogener als
in größeren Ländern (Dahl und Tufte 1974, S. 13; Sutton 1987,
S. 17; anderer Auffassung Anckar 1999, S. 36), und die geringe
Anzahl an Einwohnern erleichtert eine effektive Beteiligung von
Interessenorganisationen und sonstigen politisch Interessierten.
Die Wege zu den politischen Entscheidungsträgern sind kürzer,
und der Anteil der aktiv im politisch-administrativen System
mitwirkenden Bürger ist tendenziell höher. Zudem können
die Mitglieder der kleinstaatlichen politischen Elite (insbesondere Spitzenpolitiker, führende Verwaltungsmitarbeiter und
wichtige Vertreter organisierter Interessen) Verhandlungen über
kontroverse Themen relativ leicht anbahnen und koordinieren.
Eine weitgehende Zusammenarbeit oder ein gemeinsam
abgestimmtes Vorgehen erscheint außerdem oft funktional
für die politischen Akteure kleiner Länder, um die begrenzten
Humanressourcen bestmöglich zu nutzen.

Damit zusammenhängend gibt es wohl eine kleinstaatliche Tendenz, heftig umstrittene Mehrheitsentscheidungen, die
destabilisierende und langanhaltend zerrüttende Folgen für das
Gemeinwesen haben könnten, möglichst zu vermeiden. Das
führt zu der *Annahme, dass sich Entscheidungs- und Rechtsetzungsprozesse in Kleinstaaten durch eine signifikante Neigung
zu kompromissorientierten Verhandlungen und (Quasi-)Konsens
auszeichnen, wenn intervenierende kontextuelle und länderspezifische Faktoren dem nicht entgegenwirken.*

6.3 Wettbewerb

Die politikwissenschaftliche Kleinstaatenforschung weist
schließlich häufig darauf hin, dass der politische Wettbewerb in
kleinstaatlichen Demokratien tendenziell mehr durch persönliche
Konflikte und personenbezogene Spaltungslinien (cleavages)
gekennzeichnet ist als durch klassischen Parteienwettstreit oder
konkurrierende politische Ideologien und Programme (z. B.
Richards 1982, S. 170; Veenendaal 2013b, S. 254; Waschkuhn
1990a, S. 143). Gründe hierfür sind u. a. die engen und inter-
dependenten Beziehungen innerhalb der kleinen politischen
Elite, eine geringe programmatische Distanz zwischen den
wichtigsten Parteien einer wenig heterogenen Gesellschaft
und der häufig lediglich semiprofessionelle oder ehrenamt-
liche Charakter vieler kleinstaatlicher Politiker und Partei-
organisationen.
    Einzelne politische Akteure, persönliche Koalitionen bzw.
Zusammenschlüsse sowie Gegnerschaften haben vor diesem
Hintergrund mitunter größeres Gewicht als Parteien oder andere
formale Interessenorganisationen. Hieraus folgt die *Annahme,
dass Entscheidungs- und Rechtsetzungsprozesse in Kleinstaaten
oftmals stärker durch personalisierte Auseinandersetzungen
und Konkurrenzsituationen geprägt sind als durch Parteienwettbewerb, wenn intervenierende kontextuelle und länderspezifische
Faktoren dem nicht entgegenwirken.*

Exkurs: Liechtenstein – (k)ein typischer Kleinstaat?

In den vorigen Kapiteln herausgearbeitete theoretische Aussagen zu Politik und Governance im Kleinstaat werden im Folgenden exemplarisch auf das Fürstentum Liechtenstein angewendet. Hier nimmt die im kausalanalytischen Fokus stehende unabhängige Variable eine besonders starke Ausprägung – nämlich Mikrostaatlichkeit – an (Wolf et al. 2018, S. 185). Liechtenstein ist aufgrund seiner außerordentlich geringen Größe (ca. 38.000 Einwohner und 160 km² Staatsgebiet) ein „most-likely"-Fall (vgl. George und Bennett 2005, S. 80) für die Überprüfung kleinstaatentheoretischer Hypothesen. Entsprechende Annahmen, die auf das Fürstentum nicht zutreffen, haben vermutlich keine größere Erklärungskraft, außer im Falle starker gegenläufiger intervenierender Faktoren.

Im Rahmen dieses kursorischen Exkurses wird ausdrücklich nicht der Anspruch erhoben, das politische System Liechtensteins, den Politikzyklus des Fürstentums oder dessen Gesetzgebungsprozess möglichst vollständig zu präsentieren und zu erklären (für ein Werk mit diesem Anspruch siehe Waschkuhn 1994 und das in Entstehung befindliche Handbuch des politischen Systems Liechtensteins). Das Erkenntnisinteresse der vorliegenden Abhandlung impliziert auch nicht eine Analyse verschiedener liechtensteinischer Politikfelder. Im Folgenden geht es vielmehr um eine beispiel- und skizzenhafte Anwendung der vor allem in Kap. 6 formulierten Annahmen auf der Basis einschlägiger Literatur und teilnehmender Beobachtung (7.2).

© Springer Fachmedien Wiesbaden GmbH, ein Teil von Springer Nature 2020
S. Wolf, *Eine Governance-Theorie des Kleinstaats*,
https://doi.org/10.1007/978-3-658-30443-0_7

Zuvor wird noch kurz einführend auf die Grundlagen des liechtensteinischen Regierungssystems eingegangen (7.1). Nachfolgende Abschnitte diskutieren Unterschiede zwischen geschriebener und realer Verfassung (7.3) und erörtern die Bedeutung der Variable Kleinstaatlichkeit im Verhältnis zu länderspezifischen Faktoren (7.4).

7.1 Grundzüge des Regierungssystems

Die Grundlage des liechtensteinischen Regierungssystems ist die Verfassung des Fürstentums von 1921,[1] die auch als „Mischverfassung" bezeichnet wird (Riklin 1987; Waschkuhn 1989). Eine starke Stellung des Landesfürsten einerseits und weitreichende direktdemokratische Verfahren andererseits machen ihre außergewöhnliche dualistische Ordnung aus (Wolf et al. 2018, S. 189). Das verfassungsrechtliche Verhältnis zwischen den obersten Staatsorganen soll an dieser Stelle nur knapp skizziert werden (für eine umfassende Darstellung und rechtshistorische Analyse siehe Wille 2015). Die Landesverfassung weist dem Landtag die in liberalen Demokratien üblichen Parlamentsfunktionen zu und beschreibt ihn als zentralen institutionellen Akteur in der Gesetzgebung (Art. 62 bis Art. 70 LV). Der Regierung werden die für die Exekutive gebräuchlichen Initiativ-, Koordinierungs- und Durchführungsaufgaben zugeordnet (Art. 92 und Art. 93 LV). Der Landesfürst kann im Hinblick auf die Gesetzgebung Initiativen durch die Regierung einbringen (Art. 64 Abs. 1 LV) und muss jedem Gesetz zustimmen (Art. 9 und Art. 65 Abs. 1 LV). Das Volk bzw. Stimmvolk – d. h. die wahlberechtigten Bürgerinnen und Bürger – ist befugt, sich auch direktdemokratisch an der Rechtsetzung zu beteiligen. Diesbezüglich sind insbesondere die

---

[1]Der Text der liechtensteinischen Verfassung (LV) und ausführliche rechtswissenschaftliche Kommentierungen der einzelnen Verfassungsartikel sind auf der Website des vom Liechtenstein-Institut herausgegebenen Verfassungskommentars unter www.verfassung.li abrufbar.

Volksinitiative (Art. 64 LV), das Referendum bzw. die Volksabstimmung (Art. 66 LV) und das Staatsvertragsreferendum (Art. 66 bis LV) zu nennen. Der Staatsgerichtshof hat u. a. die Kompetenz, bei bestimmten Streitfällen Gesetze auf ihre Verfassungsmäßigkeit zu überprüfen (Art. 104 LV).

Im Jahr 2003 wurden nach langer politischer Debatte zahlreiche Artikel der Landesverfassung umformuliert oder neu eingeführt (Marcinkowski und Marxer 2010). Diese große Verfassungsreform und gewisse Veränderungen der politischen Rahmenbedingungen – etwa der Beitritt zum Europäischen Wirtschaftsraum (EWR) – haben bislang aber offenbar nur begrenzte Auswirkungen auf die realen politischen Prozesse in Liechtenstein gehabt: „Das politische System Liechtensteins weist somit eine hohe Persistenz auf" (Frommelt 2016a, S. 310). Etliche bereits von Waschkuhn (1994) beschriebene und interpretierte Phänomene der politischen Entscheidungsfindung in Liechtenstein sind daher noch immer grundsätzlich zutreffend, auch wenn sich die Regierungsarbeit weiter professionalisiert und das Parteienspektrum in den letzten Jahren etwas ausdifferenziert hat. Das Fürstentum wird seit Jahrzehnten überwiegend und typischerweise von einer großen Koalition aus Vaterländischer Union (VU) und Fortschrittlicher Bürgerpartei (FBP) regiert (Marxer 2015, S. 249–250).

7.2 Governance aus kleinstaatentheoretischer Sicht

Im vorigen Kapitel wurde die Annahme formuliert, dass Entscheidungs- und Rechtsetzungsprozesse in Kleinstaaten zu einer besonders starken politischen Steuerung durch die Regierung neigen und somit vielfach (quasi-)hierarchische Züge aufweisen, wenn intervenierende kontextuelle und länderspezifische Faktoren dem nicht entgegenwirken (6.1). Die Literatur zum politischen System Liechtensteins betont den dominierenden Einfluss der Regierung auf die verschiedenen Phasen des policy-Zyklus. So hat die Exekutive beachtliche personelle Ressourcen, professionelle Expertise und regelmäßige

Kontakte zu intermediären Akteuren, ausländischen Regierungen und Internationalen Organisationen. Damit ist sie dem Landtag – einem Milizparlament mit 25 Abgeordneten – weit überlegen. Dementsprechend bemerkte Batliner (1981, S. 26) schon vor Jahrzehnten zutreffend: „Die Gewichtsverlagerungen zwischen Parlament und Regierung sind weniger rechtlicher als faktischer Natur". Die Exekutive gestaltet die meisten policies maßgeblich (Marxer 2013, S. 72). Ihre dominante Position ergibt sich nicht zuletzt auch aus der Steuerung und Auswertung der Vernehmlassungen im Vorfeld der parlamentarischen Beratungen (vgl. Frommelt 2016a, S. 297). In Gesetzgebungsprozessen wird im Regelfall „nicht nur ein Geschäft fürs Parlament vorbereitet, sondern es wird von Regierung und Fachbeamten auch vorentschieden" (Ritter 1991, S. 76).

Kleinstaatentheoretische Überlegungen führten desweiteren zu der Annahme, dass sich Entscheidungs- und Rechtsetzungsprozesse in kleinen Regierungssystemen durch eine signifikante Neigung zu kompromissorientierten Verhandlungen und (Quasi-) Konsens auszeichnen, wenn intervenierende kontextuelle und länderspezifische Faktoren dem nicht entgegenwirken (6.2). Der überwiegend konsensdemokratische Charakter der liechtensteinischen Politik wird seit langem betont. So sah bereits Batliner (1981, S. 145) „bei aller möglichen und faktischen Opposition eine übergeordnete Konkordanz". Nach Ansicht von Waschkuhn (1993a, S. 278) ist die liechtensteinische Politik charakterisiert „durch Konkordanz oder Ko-Opposition, Konfliktvermeidung oder Kompromissfähigkeit". Auch die jüngere Forschung hebt hervor, dass politische Prozesse im Fürstentum „eher von Kompromiss und Harmonie" geprägt sind (Marxer 2017, S. 154). In Liechtenstein gibt es seit Längerem eine gewisse „Tendenz zum Konsensprinzip – entweder als aktive Übereinstimmung mit bestimmten Zielen (supportive consensus) oder aber als internalisierte Handlungserwartung, passive Hinnahme und Tolerierung der erzielten Ergebnisse (permissive consensus)" (Waschkuhn 1990a, S. 141).

Schließlich wurde im vorigen Kapitel auch die Annahme herausgearbeitet, dass Entscheidungs- und Rechtsetzungsprozesse in Kleinstaaten oftmals stärker durch personalisierte

Auseinandersetzungen und Konkurrenzsituationen geprägt sind als durch Parteienwettbewerb, wenn intervenierende kontextuelle und länderspezifische Faktoren dem nicht entgegenwirken (6.3). Der für westliche liberal-demokratische Regierungssysteme typische starke Parteienwettbewerb wie auch der Dualismus zwischen Regierungsmehrheit und parlamentarischer Opposition existieren in Liechtenstein höchstens in stark abgeschwächter Form. Im Fürstentum hat sich „trotz des Bestehens zweier nahezu gleich starker Parteien [...] nicht der konkurrenzdemokratische Typus durchgesetzt" (Hoch 1994, S. 79). Die ideologische oder programmatische Distanz zwischen den beiden meist miteinander koalierenden großen Parteien FBP und VU ist seit Jahren gering (Marxer 2015, S. 254; Marxer und Pállinger 2009, S. 919). Ihr Wettbewerb „besteht in der Hauptsache aus *Erfolgsbilanz der Regierungstätigkeit* – allenfalls angereichert durch Kritik an der Arbeit des Koalitionspartners – in Verbindung mit der *Präsentation von Personen*" (Michalsky 1991b, S. 151, kursiv im Original). Angesichts der immer noch vergleichsweise schwachen Parteienwettbewerbsdimension im Fürstentum ist die Behauptung von Beattie (2012, S. 306) nicht nachvollziehbar, dass „since 1862, and decidedly since 1918, Liechtenstein's domestic politics have been as partisan as those of any other European country".

Alle drei kleinstaatentheoretisch fundierten Governance-Annahmen aus Kap. 6 treffen demnach zumindest im Rahmen einer knappen literaturbasierten Analyse auf das Regierungssystem des Mikrostaats Liechtenstein zu. In der Gesamtsicht sind wohl die meisten Gesetzgebungsprozesse im Fürstentum durch „konkordanzorientierte, verkappte Hierarchie" gekennzeichnet (vgl. Wolf 2016b, S. 93). Bei dieser an die Governance-Typologie (3.3) angelehnten Bezeichnung handelt es sich im Prinzip um ein Governance-Regime (vgl. Benz und Dose 2010b, S. 25), das im Wesentlichen zwei Governance-Formen – primär Hierarchie und bedarfsweise Verhandlungen – kombiniert. Die Charakterisierung „konkordanzorientierte, verkappte Hierarchie" bringt verschiedene, in der einschlägigen Literatur schon seit längerem beschriebene politische Phänomene analytisch und begrifflich auf den Punkt.

7.3   Geschriebene und reale Verfassung

Die vorherrschenden Governance-Formen in der liechtensteinischen Gesetzgebung offenbaren eine signifikante, wenn
auch aus rechtsstaatlicher Sicht wohl unproblematische Dis-
krepanz zwischen Verfassungstext und Verfassungsrealität.
Das ist aus der Perspektive der Governance-Forschung wenig
überraschend (vgl. Zürn 2008, S. 556). Die Landesverfassung
beschreibt Fürst und Volk als die zwei mehr oder weniger
gleichberechtigten (Teil-)Souveräne des Regierungssystems
(siehe 7.1). Dementsprechend hat die Staatsrechtslehre mitunter akribisch die jeweiligen Kompetenzen von Monarch
und Stimmvolk bzw. Landtag ausgelotet (etwa Wille 2015).
In der tagespolitischen Realität des alpinen Kleinstaats im
fortgeschrittenen 21. Jahrhundert spielen Fürst und Volk bei
Rechtsetzungsprozessen allerdings nur selten eine nennenswerte und aktive Rolle. Zudem nimmt der Landtag die ihm
in der Verfassung zugeschriebene zentrale Rolle im Gesetzgebungsprozess nur selten ein. Die politikwissenschaftliche
Governance-Analyse kommt diesbezüglich zumindest teilweise
zu einem anderen Ergebnis bzw. zu einer anderen Interpretation
als eine positivistische verfassungsrechtliche Betrachtung, wie
im Folgenden grob skizziert wird.

Der starke politische Einfluss des Staatsoberhaupts wird
zwar immer wieder betont, insbesondere von externen Klein-
staatenforschern (z. B. Łukaszewski 2015; Veenendaal 2015).
Die Regierung kann jedoch durch ihre informelle und selektive
Informationspolitik gegenüber dem Fürsten bzw. Erbprinzen den
vorparlamentarischen Gesetzgebungsprozess erheblich in ihrem
Sinne steuern; nur bei wenigen Themen, die dem Fürstenhaus
bekanntermaßen besonders am Herzen liegen – beispielsweise
Bildung, Finanzplatz, Schwangerschaftsabbruch und Steuern –
muss sie umsichtiger agieren. Der Monarch verfügt zudem nicht
annähernd über die administrativen und personellen Kapazitäten, um die policy-Zyklen der Tagespolitik im Detail zu ver-
folgen. Seine realen Möglichkeiten zu aktivem Agenda Setting
sind ohnehin recht bescheiden (Büsser 2016). Dass der Erbprinz

in den letzten Jahren mehr als einmal sein Veto androhte, ist politisch sehr ungewöhnlich; aber selbst dies erscheint bei der Vielzahl der Gesetzgebungsvorgänge in jeder Legislaturperiode zumindest quantitativ recht unbedeutend. Der im Regelfall geringe Einfluss des Monarchen auf die Gesetzgebung (auf die untergesetzliche Rechtsetzung ohnehin) zeigt sich auch darin, dass Vertreter von Interessenverbänden ihn laut einer Umfrage des Verfassers praktisch nicht kontaktieren würden, um ein für sie wichtiges Gesetzgebungsverfahren in ihrem Sinne zu beeinflussen (Wolf 2015, S. 356).

Ähnliches gilt auch für den zweiten (Teil-)Souverän. Marxer (2017, S. 154) vertritt zwar die Auffassung, „dass die direktdemokratischen Rechte des stimmberechtigten Volkes den politischen Prozess stark beeinflussten und beeinflussen". Üblicherweise ist das Stimmvolk aber noch weniger an der Masse der Gesetzgebungsverfahren beteiligt als der Monarch, der immerhin regelmäßig von der Regierung über die wichtigsten Rechtsetzungsvorhaben informiert wird. An anderer Stelle bemerkt Marxer (2013, S. 72) denn auch zurecht: „the main policy shaper is the government". Im Vergleich mit vielen anderen Regierungssystemen entscheiden die Stimmbürger in Liechtenstein zwar recht häufig direkt über bestimmte Gesetze. Aus quantitativer Sicht machen diese Fälle jedoch nur einen winzigen Bruchteil der legislativen Beschlüsse aus. Überdies kommen bei weitem nicht alle politisch wichtigen Vorhaben vor das Volk (Marxer 2014, S. 12). Die bemerkenswerten Bestimmungen der liechtensteinischen Verfassung zur direkten Demokratie erscheinen ebenso wie die umfangreichen fürstlichen Kompetenzen eher als politische Ventile für außergewöhnliche Situationen (vgl. Marxer 2017, S. 154) und stärken tendenziell die bereits erwähnte, von der Regierung oft maßgeblich gesteuerte Konkordanzneigung im kleinstaatlichen Regierungssystem. Heeb (1998, S. 204) bemerkt daher zutreffend: „Die souveränen staatlichen Machtträger – Fürst und Volk – haben verfassungsmäßig zwar eine entscheidende Rolle, nehmen jedoch nur marginalen Einfluss auf die inhaltliche Ausgestaltung der Gesetze".

Einschlägige Literatur und teilnehmende Beobachtung des Verfassers im Zeitraum 2011 bis 2016 sprechen tendenziell gegen die Einschätzung, dass sich „gerade am Gesetzgebungsverfahren […] in den letzten Jahren mit drastischer Deutlichkeit die Störungsanfälligkeit der liechtensteinischen Mischverfassung gezeigt" habe (Hoch 1994, S. 227). Im Regelfall scheint der policy-Zyklus in Liechtenstein erstaunlich effizient und geräuschlos zu verlaufen. Die Regierung verbindet ihre hierarchische Steuerung üblicherweise mit einer Konkordanzorientierung, es „wird bei binnennationalen Problemstellungen auf einen Einbezug möglichst aller relevanten und organisationsfähigen Kräfte, natürlich unter Bevorzugung etablierter Gruppen, hingearbeitet" (Waschkuhn 1994, S. 372). Durch „die Verarbeitung der im Rahmen von Vernehmlassungen eingegangenen Stellungnahmen" wird „die Stellung der Regierung im Gesetzgebungsprozess […] weiter aufgewertet" (Frommelt 2016a, S. 297). Die Exekutive kann die Konsens- bzw. Kompromissorientierung des politischen Systems bei den einzelnen Gesetzesvorhaben nicht zuletzt durch gezielte Informations- und (Nicht-) Beteiligungspolitik jeweils in erheblichem Umfang und daher oft auch in ihrem Sinne steuern.

Etliche politik- und rechtswissenschaftliche Studien haben zurecht auf die strukturelle Schwäche des Landtags gegenüber der Regierung in der Gesetzgebung hingewiesen (etwa Allgäuer 1989; Batliner 1981; Beck 2013; Marxer 2008). Wenn Parlamentarier allerdings kritische Aufmerksamkeit auf einzelne Gesetzesvorhaben konzentrieren, gelingt es dem Milizparlament trotz seines unterkomplexen Ausschusswesens (Frommelt 2016a, S. 296) und seiner recht begrenzten Informationsverarbeitungskapazitäten hin und wieder, die Rechtsetzung punktuell zu beeinflussen oder die Regierung zumindest zu einer besseren Begründung ihrer Vorschläge zu bewegen: „Einerseits gibt es durchaus Vorlagen, bei denen diverse inhaltliche Änderungen durch den Landtag erfolgen bzw. von diesem angeregt werden. Andererseits übt der Landtag im Sinne einer Richtungs- und Leistungskontrolle der Regierung bereits durch Fragen und Kommentare zu einzelnen vorgeschlagenen Gesetzesbestimmungen einen Einfluss auf die Gesetzgebung aus"

(Frommelt 2016a, S. 311). Im Regelfall werden jedoch zahlreiche legislative Beschlüsse zumindest abschließend einstimmig oder mit sehr großen Mehrheiten getroffen, ohne dass der Landtag die entsprechenden Vorlagen zuvor eingehend geprüft und diskutiert hat; auch oppositionelle Abgeordnete stimmen häufig für die Vorschläge der Regierung (vgl. Frommelt 2011a, S. 37).

Konkordanzorientierte, verkappte Hierarchie setzt wie andere Governance-Konstellationen „bestimmte Anreize und Restriktionen für das Akteursverhalten" (Benz et al. 2007b, S. 19). Im liechtensteinischen Regierungssystem wird einerseits nicht zuletzt von den Landtagsabgeordneten vorausgesetzt und oftmals zumindest implizit eingefordert, dass die Regierung in hohem Maße (hierarchische) Führung übernimmt und die politische Richtung inhaltlich vorgibt. Andererseits wird von der Exekutive mehrheitlich erwartet, dass sie über ihr Vorgehen umfassend informiert und es möglichst sachlich und überparteilich rechtfertigt. Überdies soll sie die Einschätzungen anderer politischer Akteure erfassen und etwaige (divergierende) Interessen mit hoher Salienz nach Möglichkeit in ihren Gesetzesvorlagen berücksichtigen. Vor dem Hintergrund dieser zentralen, aber höchst anspruchsvollen – weil gegebenenfalls auch widersprüchlichen – Rolle im kleinstaatlichen Regierungssystem ist es kein Wunder, dass sich etwaiger politischer Unmut im Land oftmals gegen die Regierung richtet. Eine Betrachtung der liechtensteinischen Politik über größere Zeiträume hinweg legt die Vermutung nahe, „dass sich die Grundzüge des politischen Systems Liechtensteins und das Verhältnis von Regierung zu Landtag trotz stetiger Anpassungen der politischen und rechtlichen Rahmenbedingungen nicht stark verändert haben" (Frommelt 2016a, S. 302–303).

7.4   Geringe Staatsgröße und länderspezifische Faktoren

Das Regierungssystem Liechtensteins weist jene Governance-Formen auf, die in Kap. 6 im Rahmen theoretischer Annahmen formuliert wurden (siehe 7.2). Allerdings müssen diese abhängigen Merkmalsausprägungen nicht notwendigerweise (ausschließlich) durch die Variable Kleinstaatlichkeit verursacht sein. Sie könnten auch auf der Wirkung anderer Faktoren beruhen. Alle realen Kleinstaaten sind Mischformen aus größenbedingten und länderspezifischen Merkmalen (4.5). Kontextbedingungen und Länderbesonderheiten können nicht nur unter Umständen die Auswirkungen geringer Staatsgröße konterkarieren (4.6), sie erzeugen auch gegebenenfalls politische Phänomene, die Kleinstaatlichkeit zu Unrecht als (alleinige) kausale Ursache nahelegen (4.7).

Als alternative bzw. komplementäre Erklärungsansätze für die maßgeblichen Governance-Formen in der liechtensteinischen Politik – vor allem in den Gesetzgebungsprozessen – kommen insbesondere folgende Faktoren in Betracht:

- die politisch-kulturelle Nähe zu Österreich und der Schweiz sowie die politische Kooperation insbesondere mit der Eidgenossenschaft (vgl. Waschkuhn 1994, S. 372)
- die Zugehörigkeit zur deutschsprachigen Rechtsfamilie und -tradition (vgl. Wolf et al. 2018, S. 186)
- die – allerdings wohl tendenziell abnehmende – soziale Homogenität der Bevölkerung (vgl. Marcinkowski und Marxer 2010, S. 88)
- die Einbindung in den Europäischen Wirtschaftsraum (vgl. Frommelt 2011a, b; 2016b)
- die gute sozio-ökonomische Lage bzw. der Wohlstand des Landes (vgl. Marcinkowski und Marxer 2010, S. 87)
- die starke Monarchie (vgl. Łukaszewski 2015; Veenendaal 2015)
- die umfangreichen direktdemokratischen Instrumente (vgl. Marxer 2014; 2017).

Eine für die Zwecke dieses Exkurses knappe Analyse auf Grundlage der einschlägigen Literatur und teilnehmender Beobachtung legt die Schlussfolgerung nahe, dass die beschriebenen Governance-Formen in Liechtenstein wohl nicht ausschließlich, aber doch zumindest zu einem signifikanten Anteil kausal auf die geringe Staatsgröße des Fürstentums zurückgeführt werden können. Dafür spricht auch ein kursorischer „similar systems"-Vergleich (vgl. Veenendaal 2013a, S. 278) mit dem großen politischen System Deutschlands. In der Bundesrepublik ist die hierarchische Steuerung der politischen Entscheidungsfindung zwar auch beträchtlich, aber nicht so bedeutend wie in Liechtenstein; konkordanzdemokratische Elemente sind bei der Gesetzgebung im föderalen Regierungssystem vorhanden, aber auf zentralstaatlicher Ebene längst nicht so ausgeprägt wie im Fürstentum; anders als in Liechtenstein dominieren ein starker Parteienwettbewerb und die klare Spaltungslinie „Regierungsmehrheit/parlamentarische Opposition" die allermeisten bundespolitischen Prozesse in Deutschland (vgl. Wolf 2018).

Während in Bezug auf die abhängigen Variablen – die Governance-Formen – wie theoretisch erwartbar deutliche Unterschiede zwischen Deutschland und Liechtenstein festgestellt werden können, existieren hinsichtlich der potentiell intervenierenden (Kontext- bzw. Kontroll-)Faktoren viele Ähnlichkeiten. Die Bundesrepublik grenzt gleichfalls an Österreich und die Schweiz an und gehört selbstverständlich auch zur deutschsprachigen Rechtsfamilie und -tradition. Als EU-Mitgliedstaat ist Deutschland ebenfalls stark in den europäischen Integrationsprozess eingebunden. Schließlich zählt die Bundesrepublik auch zu den reichsten Ländern der Erde. Deutschland ist allerdings sozial heterogener als Liechtenstein, und das Grundgesetz verfügt nicht über die charakteristischen Merkmale der liechtensteinischen „Mischverfassung" (Riklin 1987; Waschkuhn 1989).

Soziale Homogenität der Bevölkerung, starke Monarchie und umfangreiche direktdemokratische Instrumente tragen sicherlich nicht unerheblich zur konsensdemokratischen Neigung des liechtensteinischen Regierungssystems bei. Diese Faktoren können aber wohl nicht allein erklären, dass die politische Entscheidungsfindung im Fürstentum im Unterschied zu Deutschland maßgeblich durch konkordanzorientierte, verkappte Hierarchie und stark personalisierte Prozesse (vgl. 7.2) gekennzeichnet ist. Die geringe Staatsgröße dürfte hierfür ein wichtiger, wenn auch nicht monokausaler Faktor sein. Waschkuhn (1994, S. 372) sieht in der Kleinstaatlichkeit des Fürstentums ebenfalls eine zentrale Variable: „Die Konkordanzelemente in Liechtenstein sind [...] überwiegend den minimalen Grössenverhältnissen geschuldet und ergänzend auf die Umraumbedingungen der Region zurückzuführen, insofern die zwei Nachbarländer Schweiz und Österreich politisch-kulturell ebenfalls den Konkordanz- und Proporzgedanken pflegen (in Österreich jedoch mit abnehmender Tendenz)". Auch Veenendaal (2013b, S. 254) hält den Faktor Kleinstaatlichkeit in Bezug auf die spezifische Ausprägung des politischen Wettbewerbs für bedeutender als – regional oder historisch beeinflusste – politische Institutionen.

Der Konkordanzcharakter des liechtensteinischen Regierungssystems hat in den letzten Jahren – möglicherweise (auch) bedingt durch sozio-kulturelle Veränderungen und wachsende soziale Heterogenität (vgl. Richards 1982, S. 165)[2] – tendenziell abgenommen. Seit „den Landtagswahlen von 2013 und der Wahl einer vierten Partei in den Landtag lassen sich [...] vermehrt Elemente eines Konkurrenzsystems im Sinne einer verstärkten ideologischen Polarisierung und der Entwicklung eines formalen Oppositionsverständnisses erkennen" (Frommelt 2016a, S. 308–309). Es bleibt dennoch abzuwarten, ob sich die überwiegend durch konkordanzorientierte, verkappte Hierarchie geprägten politischen Entscheidungsprozesse im Fürstentum grundlegend wandeln. In vielerlei Hinsicht weist das politische System Liechtensteins weiterhin eine hohe Kontinuität auf (Frommelt 2016a, S. 310–311).

---

[2]„Aufgrund der mit Modernisierungsprozessen unweigerlich verbundenen Wertevielfalt und einem damit einhergehenden Anwachsen neuer sozialer, bislang minoritärer und unterbilanzierter Gruppen verliert [...] auch die Konkordanz als gesellschaftliches Integrationsprinzip an Präge- und Bindungskraft" (Waschkuhn 1990a, S. 152).

Schlussbetrachtung

8

8.1 Zusammenfassung der theoretischen Annahmen

Die vorliegende Abhandlung nahm ihren Ausgang von der zentralen Forschungsfrage „Wie wirkt sich Kleinstaatlichkeit aus welchen Gründen und unter welchen Umständen auf innerstaatliche Politik und Governance-Formen aus?" (2.1). Nach der Diskussion wichtiger Begriffe und Konzepte (Kap. 3) wurden folgende kleinstaatentheoretischen Grundprämissen herausgearbeitet (Kap. 4):

- Kleinstaatlichkeit zeichnet sich aus durch die strukturell geringe Anzahl bestimmter relativer Merkmale eines Staates.
- Als unabhängige Variable wirkt sich Kleinstaatlichkeit – wenn überhaupt – nur auf bestimmte Dimensionen und Aspekte von Politik aus.
- Von Kleinstaatlichkeit abhängige politische Phänomene werden in unterschiedlicher Art und Weise durch verschiedene Formen und Grade geringer Staatsgröße beeinflusst.
- Kleinstaaten sind nicht in ihrer Gesamtheit klein, sondern im Hinblick auf spezifische Merkmale und gegebenenfalls die jeweils damit verbundenen Auswirkungen.

© Springer Fachmedien Wiesbaden GmbH, ein Teil von Springer Nature 2020
S. Wolf, *Eine Governance-Theorie des Kleinstaats*,
https://doi.org/10.1007/978-3-658-30443-0_8

- Reale Kleinstaaten in ihren verschiedenen Erscheinungsformen sind Kombinationen aus länderspezifischen Merkmalen und kleinstaatlich bedingten Ausprägungen.
- Länderspezifische Merkmale und situative Besonderheiten können kleinstaatlich bedingte Ausprägungen verstärken, abschwächen, neutralisieren oder nicht tangieren.
- Bestimmte kleinstaatentypische Phänomene können aufgrund anderer Faktoren auch in größeren Staaten auftreten.

Darauf aufbauend wurden folgende Annahmen zur polity-Dimension kleinstaatlicher Politik formuliert (5.1):

- Kleinstaaten weisen eine absolut betrachtet geringe, aber relativ gesehen hohe Ausdifferenzierung ihrer politisch-administrativen Institutionen auf,
- Kleinstaaten akzeptieren in gewissem Umfang negative Skaleneffekte bei den staatlichen Kerninstitutionen,
- Kleinstaaten rezipieren häufig ausländische bzw. benachbarte institutionelle Modelle,
- Kleinstaaten erhalten außergewöhnliche Institutionenarrangements zu Zwecken der Identitätswahrung langfristig aufrecht,

wenn jeweils intervenierende kontextuelle und länderspezifische Faktoren dem nicht entgegenwirken.

Im Anschluss konnten folgende Annahmen zur politics-Dimension in Staaten von geringer Größe erarbeitet werden (5.2):

- Kleinstaaten weisen eine absolut betrachtet geringe, aber relativ gesehen hohe Ausdifferenzierung ihrer Akteursstrukturen auf,
- (demokratische) Kleinstaaten praktizieren strukturell eine partizipativere Politik als größere Länder,
- breite Aufgabenportfolios, Rollenkumulation und das Milizprinzip prägen politische Prozesse in Kleinstaaten,
- Kleinstaaten tendieren zu konsensualen Entscheidungen, konfliktpräventiven Verfahren, personalisierter Politik und exekutiver Dominanz,

- in Kleinstaaten konzentriert sich die politische Debatte auf sehr wenige Themen,
- Kleinstaaten zeichnen sich durch beträchtliche Interaktion mit dem Ausland und Steuerung durch das Ausland aus,

wenn jeweils intervenierende kontextuelle und länderspezifische Faktoren dem nicht entgegenwirken.

Folgende Annahmen zur policy-Dimension in Kleinstaaten wurden entwickelt (5.3):

- Kleinstaaten bearbeiten absolut betrachtet wenige, aber relativ gesehen noch viele Politikfelder aktiv und weisen eine geringe Regulierungsdichte auf,
- Kleinstaaten neigen bei der Erfüllung öffentlicher Aufgaben – außer bei souveränitäts-, identitäts- und wirtschaftspolitischen Kernaufgaben – zum Outsourcing,
- Kleinstaaten übernehmen in beträchtlichem Umfang ausländische und internationale Regelungen, außer in Sektoren mit Nischenfunktion,
- Kleinstaaten zeichnen sich einerseits durch sehr liberale und flexible Politiken sowie andererseits durch extrem konservative und unflexible policies aus,
- internationale Verrechtlichung dient Kleinstaaten zur Souveränitätssicherung, bedeutet für sie aber auch tendenziell eine Vernichtung von Regulierungsnischen,

wenn jeweils intervenierende kontextuelle und länderspezifische Faktoren dem nicht entgegenwirken.

Diese Annahmen zu kleinstaatlicher Politik bildeten in Verbindung mit Konzepten aus der Governance-Forschung (3.3) die Grundlage für theoretische Überlegungen zu Governance-Formen in kleinen politischen Systemen (Kap. 6). Es wurde gefolgert, dass

- Entscheidungs- und Rechtsetzungsprozesse in Kleinstaaten zu einer besonders starken politischen Steuerung durch die Regierung neigen und somit vielfach (quasi-)hierarchische Züge aufweisen,

- sich Entscheidungs- und Rechtsetzungsprozesse in Kleinstaaten durch eine signifikante Neigung zu kompromissorientierten Verhandlungen und (Quasi-)Konsens auszeichnen,
- Entscheidungs- und Rechtsetzungsprozesse in Kleinstaaten
  oftmals stärker durch personalisierte Auseinandersetzungen
  und Konkurrenzsituationen geprägt sind als durch Parteienwettbewerb,

wenn jeweils intervenierende kontextuelle und länderspezifische
Faktoren dem nicht entgegenwirken.

Die vorwiegend in den Kap. 6 und 7 verwendete Governance-
Typologie hat sich als „organisatorisches Gerüst oder auch als
Landkarte, um die komplexe Realität zu simplifizieren" (Walk
2008, S. 60) im Rahmen der primär kleinstaatentheoretisch
orientierten Untersuchung bewährt. In künftigen theoretischen
wie empirischen Forschungsarbeiten sollte es unter anderem
auch darum gehen, bezogen auf einzelne Kleinstaaten oder
systemvergleichend die (ausbleibenden) Veränderungen ausgewählter Governance-Strukturen im Zeitverlauf sowie die
Gründe hierfür zu analysieren und nach Möglichkeit auch die
Leistungsfähigkeit bestimmter Regelungsmechanismen verstärkt
in den Blick zu nehmen. Es besteht offenbar generell ein Bedarf
an der „systematischen Erforschung der Bedingungen erfolgreicher Governance" (Zürn 2008, S. 574–575).

8.2   Singularität des einzelnen Kleinstaats?

Ein knapper Exkurs konnte zeigen, dass das politische System
Liechtensteins   weitgehend   jene   abhängigen   Merkmalsausprägungen aufweist, die im Rahmen der kleinstaatentheoretischen Annahmen als spezifische Governance-Formen
erwartet werden (7.2). So dominiert die liechtensteinische
Regierung die politische Entscheidungsfindung, insbesondere
die Gesetzgebung. Gleichwohl sind politische Prozesse im
Fürstentum   in   großem   Umfang   konkordanzdemokratisch
geprägt. Der politische Wettbewerb ist eher schwach durch
Parteienkonkurrenz, aber stark durch personenbezogene Aspekte

und Konfliktlinien gekennzeichnet. Die in Liechtenstein vor-
herrschende Governance-Konstellation wurde vor diesem
Hintergrund zugespitzt als „konkordanzorientierte, verkappte
Hierarchie" bezeichnet.

Der Mikrostaat Liechtenstein stellt für kleinstaatentheoretisch
fundierte Annahmen einen „most-likely"-Anwendungsfall
dar, da der Faktor Kleinstaatlichkeit hier besonders stark ausgeprägt ist (Wolf et al. 2018, S. 185). Trifft eine einschlägige
(probabilistische) Hypothese auf das Fürstentum nicht zu, ist deren
analytische Erklärungskraft ernsthaft in Zweifel zu ziehen, außer
es liegen manifeste gegenläufige kontextuelle oder länderspezifische Faktoren vor, die bei anderen Klein(st)staaten vermutlich
nicht existieren. Die in Liechtenstein beobachtbaren Governance-
Formen sind nicht notwendigerweise (nur) durch die unabhängige
Variable Kleinstaatlichkeit verursacht, die im Zentrum des vorliegenden Werks steht; auch andere Faktoren können diesbezüglich
eine nicht unerhebliche Rolle spielen (vgl. Fischer 2011, S. 267;
Plümper 2012, S. 72). Kleinstaatlichkeit ist wohl nur selten eine
(allein) notwendige und ausreichende Variable für ein bestimmtes
politisches Phänomen (vgl. Geser 1991, S. 98).

Es wurde argumentiert, dass insbesondere folgende (Rahmen-)
Faktoren vermutlich einen Einfluss auf die Governance-Formen
in Liechtenstein haben: die politisch-kulturelle Nähe zu Österreich und der Schweiz sowie die politische Kooperation insbesondere mit der Eidgenossenschaft, die Zugehörigkeit zur
deutschsprachigen Rechtsfamilie und Rechtstradition, die hohe
soziale Homogenität der Bevölkerung, die Einbindung in den
Europäischen Wirtschaftsraum, die gute sozio-ökonomische
Lage des Landes, die starke Monarchie sowie die umfangreichen
direktdemokratischen Instrumente (7.4). Der jeweilige Anteil
dieser Merkmale an den Governance-Formen im Fürstentum
konnte im Rahmen der hier vorgenommen exemplarischen Analyse nicht exakt bestimmt werden. Die einzelnen Faktoren sind
zumindest teilweise interdependent und analytisch schwer voneinander zu trennen.

Einschlägige Literatur und mehrjährige teilnehmende
Beobachtung des Verfassers legen nahe, dass die Variable
Kleinstaatlichkeit signifikant zu den Ausprägungen der

politischen Entscheidungsfindung in Liechtenstein beiträgt, aber wohl diesbezüglich kein monokausaler Faktor ist. Eine Scheinkausalität, also eine Verursachung der beschriebenen Governance-Formen ausschließlich durch andere Variablen ohne Einfluss des Faktors Kleinstaatlichkeit, erscheint für das politische System Liechtensteins sehr unwahrscheinlich. Für diese Folgerung spricht auch der kursorische Vergleich mit dem Regierungssystem Deutschlands. Die große Bundesrepublik hat mit dem sehr kleinen Liechtenstein etliche Merkmale und potentiell intervenierende Faktoren gemeinsam, dennoch unterscheiden sich die Governance-Formen als abhängige Variablen in der deutschen Politik auf zentralstaatlicher Ebene deutlich von jenen im Fürstentum (7.4).

Zur Verdeutlichung der in dieser Abhandlung entwickelten kleinstaatentheoretischen Annahmen ermöglicht die beispielhafte Analyse Liechtensteins „contingent generalizations' that subsequent researchers should not mistakenly overgeneralize" (George und Bennett 2005, S. 84). In den politischen Systemen anderer Kleinstaaten und gegebenenfalls auch in Liechtenstein zu anderen Zeiten sind die hier postulierten Governance-Ausprägungen möglicherweise nicht oder nur teilweise zu beobachten, weil bestimmte kontextuelle und/oder länderspezifische Faktoren die in den vorigen Kapiteln herausgearbeiteten (mutmaßlich) kausalen Mechanismen der Kleinstaatlichkeit konterkarieren. Für die künftige vergleichende Kleinstaatenforschung stellt sich die Frage, ob konkordanzorientierte, verkappte Hierarchie in ähnlicher Form auch die politische Entscheidungsfindung in anderen kleinen Regierungssystemen prägt, oder ob Liechtenstein diesbezüglich ein Ausreißer ist (vgl. King et al. 1994, S. 56).

Es spricht einiges dafür, dass zahlreiche theoretische Aussagen dieses Buches mehr oder weniger nicht nur auf das liechtensteinische Regierungssystem zutreffen, sondern auch auf etliche Klein- und vor allem Mikrostaaten. Die vorliegenden Annahmen wurden von generellen größen- bzw. ressourcenbezogenen Überlegungen und/oder unterschiedlichen empirischen Befunden abgeleitet. Auf einem gewissen, eher niedrigen Abstraktionsniveau mag zwar jeder Kleinstaat einzigartig erscheinen

(Meckler 2006, S. 114; Waschkuhn 1993c, S. 13) – das gilt jedoch für jedes politische System: „what is unique and what is comparable depends on the level of analysis and what is being compared" (Newton und van Deth 2010, S. 8).

Für möglichst umfassende Beschreibungen und Erklärungen der politischen Entscheidungsfindung jedes einzelnen Kleinstaats kann es keine abstrakte Kleinstaatentheorie, sondern nur jeweilige relativ atheoretische Einzelfalldarstellungen geben (vgl. 8.4.1). Ist Waschkuhns (1994, S. 8) Ansicht zutreffend, dass „Systemvergleiche [...] nur einige wenige Generalisierungen erbringen [können], da die jeweiligen Spezifika als Strukturbesonderheiten oder Eigentümlichkeiten soziohistorisch vermittelt sind", steht eine politikwissenschaftliche Governance-Theorie des Kleinstaats stets vor der schwierigen Aufgabe, diese wenigen Generalisierungen und ihre Bedingungen herauszuarbeiten.

8.3 Kleinstaatlichkeit als unscharfe Variable

Baehrs (1975, S. 466) häufig zitierte, aber in der Literatur überwiegend nicht geteilte oder befolgte Kritik, Kleinstaatlichkeit sei ein mangelhaftes (da zu breites) analytisches Konzept, bezog sich vorwiegend auf die Internationalen Beziehungen. Im Bereich der Vergleichenden Politikwissenschaft hat beispielsweise Marxer (2007, S. 15) argumentiert, „dass die Systemausprägungen weniger von der Kleinheit beeinflusst werden, sondern mehr von regionalen Besonderheiten – etwa deutschsprachige Staatenfamilie, skandinavische Staatenfamilie – oder von geschichtlichen Beziehungen, wie im Falle ehemaliger britischer Kolonien". Sutton (1987, S. 8) sieht zwei „features [...] so powerful that they overwhelm any possible effects of population size – cultural diversity and socio-economic diversity".

Kleinstaatlichkeit ist offensichtlich ein eher schwacher kausaler Faktor, der kein bestimmtes politisches System determiniert (vgl. Geser 1980, S. 208). Es dürfte vielmehr geradezu typisch für kleine Länder sein, ausländische bzw. benachbarte institutionelle Modelle zu rezipieren (5.1.3).

Allerdings weisen Kleinstaaten vermutlich jenseits unterschiedlicher Regierungssysteme, rechtlicher Normen und institutioneller Ausgestaltungen in gewissem Umfang „important similarities" (Kocher 2002, S. 17) auf, etwa ähnliche Governance-Formen und Regelungsmechanismen; diese Prämisse liegt den governancetheoretischen Annahmen in Kap. 6 zugrunde. So argumentiert etwa auch Veenendaal (2013a, S. 278): „the significance of size can generally not be observed in the character of institutional structures, but is particularly visible in more informal and practical political traditions, patterns, and dynamics". Seiner Ansicht nach werden politische Institutionen „recurrently ignored or circumvented in smaller settings" (Veenendaal 2013b, S. 254).

Die theoretisch orientierte Kleinstaatenforschung im engeren Sinne steht kontinuierlich vor der Frage, wann welche länder-, regionen- und/oder geschichtsspezifischen Merkmale die in der Regel komplementäre Erklärungskraft der Variable Kleinstaatlichkeit auf welche Art und Weise abschwächen, neutralisieren, modifizieren oder vielleicht sogar verstärken. Es ist zwar „reasonable to assume that the independent variable (X) has a particular effect on a specific outcome (Y) only in cases that are similar with respect to all control variables" (Blatter und Haverland 2012, S. 30), jedoch wird man es bei der vergleichenden Analyse von Kleinstaaten wohl nie mit mehreren Fällen zu tun haben, bei denen alle Kontrollvariablen oder Kontextfaktoren annähernd ähnlich sind. Die Konsequenz aus der Heterogenität realer Kleinstaaten sollte allerdings nicht sein, auf Verallgemeinerungen zu verzichten. Wenn die Kleinstaatenforschung im engeren Sinne zur „theory-formation in political science" (Christmas-Møller 1983, S. 36) beitragen möchte, muss sie sich immer wieder auf das schwierige und unsichere Terrain der Generalisierung staatsgrößenbedingter Annahmen begeben.

In unserer überwiegend probabilistisch gearteten sozialen Welt (vgl. King et al. 1994, S. 89)[1] wirkt geringe Staatsgröße

---

[1]„Everything can be falsified except the most trivial statements" (Christmas-Møller 1983, S. 42).

häufig wie ein schwacher und unscharfer Faktor mit begrenzter analytischer Erklärungskraft (vgl. Amstrup 1976, S. 175). Kleinstaatlichkeit scheint nicht zuletzt vor dem Hintergrund der bisherigen empirischen Forschung selten eine deterministische unabhängige Variable zu sein und eignet sich daher wohl primär für die Formulierung probabilistischer Aussagen (Kramer 1993, S. 254): „Theoretisch ist wohl kein Charakteristikum kleiner Nationen vorstellbar, das eindeutig und ausschließlich durch ‚Kleinheit' bedingt wird und nicht auf die eine oder andere Weise relativiert oder modifiziert wird durch den Einfluss anderer Faktoren" (Fanger und Illy 1981, S. 236). Ähnlich argumentiert Lowenthal (1987, S. 31): „It seems that whatever is said of some small states can be disproved by reference to others". Auf derartigen Überlegungen basiert Gesers immer noch sehr plausible Unterscheidung zwischen 1) kausalen, 2) funktionalen und 3) konditionalen Abhängigkeitsverhältnissen hinsichtlich der Variable Staatsgröße (Geser 1991, S. 96–97).

Aus modelltheoretischer Perspektive lässt sich Kleinstaatlichkeit auch als notwendige bzw. nicht notwendige und ausreichende bzw. nicht ausreichende Bedingung für ein politisches Phänomen konzipieren (vgl. Anckar 2013, S. 17). Geringe Staatsgröße ist dann entweder 1) notwendig und ausreichend, 2) notwendig, aber nicht ausreichend, 3) ausreichend, aber nicht notwendig oder 4) weder notwendig, noch ausreichend für eine bestimmte abhängige Merkmalsausprägung in einem Regierungssystem. Bei vielen politischen Phänomenen fällt es schwer, diesbezüglich eine eindeutige Kategorisierung vorzunehmen (vgl. Fanger und Illy 1981, S. 236), und nicht wenige – wenn nicht die meisten – fallen vermutlich unter 4). Da Kleinstaatlichkeit lediglich eine Rahmenbedingung darstellt, die in der Regel zu einem nicht unerheblichen Grad Spielräume für unterschiedliche politische Merkmalsausprägungen eröffnet, handelt „es sich bei den meisten Hypothesen, in denen Grösse als Explanans fungiert, um funktionale oder gar konditionale Dependenzbeziehungen" (Geser 1991, S. 98).

8.4 Zur Überprüfung und Weiterentwicklung der Theorie

Für die Kleinstaaten-Forschung gilt: „Abgeschlossen ist dieser wichtige und in sich dynamische Untersuchungsbereich jedenfalls noch lange nicht – falls dies überhaupt jemals gelingen kann" (Kirt und Waschkuhn 2001, S. 46). So endet auch das vorliegende Werk mit dem üblichen Appell „for more research" (Sutton 1987, S. 23). Der in diesem Buch entwickelte kleinstaatentheoretische Rahmen mit seinen zahlreichen Teilannahmen sollte künftig möglichst breit überprüft und systematisch weiterentwickelt werden (vgl. Geser 1981, S. 84), denn es fehlt insbesondere an Wissen, „unter welchen Randbedingungen welche Modellkomponenten wirksam werden" (Eisenstadt 1977, S. 68). Dieser letzte Abschnitt diskutiert dazu ohne Anspruch auf Vollständigkeit einige vorwiegend konzeptionelle Gedanken. Nach Ansicht von Kirt und Waschkuhn (2001, S. 25) „krankt die Kleinstaatenforschung bis heute an den kausal argumentierenden [...] beziehungsweise an den positivistisch-szientistischen Ansätzen, mit denen man sich anfänglich der Kleinstaaten-Problematik wissenschaftlich zu nähern versuchte". Die vorliegende Abhandlung geht jedoch wissenschaftstheoretisch von der Überzeugung aus, dass es keine wünschenswerte Alternative sein kann und sollte, beispielsweise nur noch auf impressionistische, mehr oder weniger „dichte" Fallstudien zu einzelnen politischen Systemen ohne jeden theoretischen Anspruch auf Generalisierung bestimmter größenbedinger Merkmalsausprägungen zu setzen.[2]

---

[2]„This case study-literature is not only different from the theoretical literature in the sense that it is more empirical and to a larger extent based on real-world observations and evidence, but also because it generally does not – or at least not explicitly – employ size as the major explanatory variable of political characteristics. This is primarily a consequence of the fact that only one or a few cases are studied, as a result of which findings are often treated and explained as idiosyncrasies of the cases under scrutiny [...] many of these apparent idiosyncrasies are observable in microstates around the world, which suggests that they are in fact no idiosyncrasies at all, but rather can potentially be listed as political consequences of smallness" (Veenendaal 2013a, S. 46).

Eindeutig zu vermeiden ist ein „drawback" zu Studien, die „rather ethnocentric and largely descriptive" sind (Neumann und Gstöhl 2006, S. 30).

Bei der theoriegeleiteten empirischen Kleinstaatenforschung ist die Definitionsproblematik (siehe 3.2) von enormer Bedeutung.[3] Die Frage, ob ein politisches System im Rahmen einer vergleichenden Studie als Kleinstaat betrachtet wird oder nicht, kann Forschungsergebnisse signifikant beeinflussen. Entsprechende Auswahlentscheidungen (wie etwa quantitative Schwellenwerte) sollten daher möglichst transparent getroffen und abwägend begründet werden. Vorteilhaft erscheint in diesem Zusammenhang, wenn Untersuchungen offen darlegen, wie sich unterschiedliche Kleinstaatendefinitionen auf die jeweiligen Ergebnisse auswirken (vgl. Kocher 2002, S. 18).

8.4.1 x- und y-zentrierte Forschung

Die politikwissenschaftliche Kleinstaatentheorie im engeren Sinne und damit auch das vorliegende Werk ist primär x-zentriert. Im Zentrum des Erkenntnisinteresses steht die Erklärungskraft der unabhängigen Variable Staatsgröße bzw. Kleinstaatlichkeit. Für diese Perspektive gilt: „Die Begrenzung der Argumentation auf die notwendigsten Einflussfaktoren stellt aus wissenschaftstheoretischer Sicht die *einzig legitime Vorgehensweise* dar" (Plümper 2012, S. 58, kursiv im Original). Demgegenüber ist die Kleinstaatenforschung im weiteren Sinne, die oftmals den Länder- oder Regionalstudien (area studies) zugerechnet werden kann, vorwiegend an der möglichst detailgenauen Beschreibung und umfassenden Erklärung einzelner kleiner Regierungssysteme interessiert (vgl. Veenendaal 2013a, S. 46). Der Fokus des Erkenntnisinteresses liegt hier auf allen

---

[3]Maas (2009, S. 67) konstatiert „a certain ‚disconnect' between ‚theorists' who do not believe a definition of the small state is indeed possible and the ‚empiricists' who study the small state regardless of any definitional problems".

relevanten Einflussfaktoren, nicht nur auf der Erklärungskraft der Variable Kleinstaatlichkeit. Für einen solchen y-zentrierten Blickwinkel steht folgende Aussage: „Selbstredend hat auch der Begriff der Grösse resp. der Kleinheit keinen Status als ausschliesslich erklärende Variable, solange nicht situationsspezifisch, multifaktoriell und dynamisch-perspektivisch gedacht wird. Die meisten Analysekonzepte aber sind unterkomplex und vereinfachen bei unkritischer Anwendung die Realität in irreführender Weise" (Waschkuhn 1994, S. 29). Elaborierte Multifaktoren-Ansätze bringen allerdings nicht selten konzeptionelle und methodische Probleme mit sich, denn sie sind „of a very complex nature and do not lend themselves easily to any operationalization" (Amstrup 1976, S. 176).

Die weiteren Überlegungen konzentrieren sich wie bisher auf die Erklärungskraft der unabhängigen Variable Kleinstaatlichkeit. Diese Perspektive verweist auf eines der Hauptziele „of all social science: *explaining as much as possible with as little as possible*" (King et al. 1994, S. 29, kursiv im Original). Für x-zentrierte Ansätze, bei denen „a scholar focuses on one privileged theoretical explanation, deriving a one factor explanation while controlling for other possible disturbing factors" (Héritier 2016, S. 13), eignen sich besonders Forschungsdesigns mit möglichst vielen (im Idealfall allen) Fällen, in diesem Zusammenhang also souveränen Staaten.

8.4.2 Vergleichende Studien

Etliche empirische Studien aus dem Bereich der Kleinstaatenforschung mit großer Fallzahl vergleichen ausschließlich kleine Regierungssysteme: „Obviously, this is not a good research design for testing claims that concern necessary conditions; however, if the task is one of testing sufficient conditions, there is more to say in favour of the design" (Anckar 2013, S. 17). Die kausale Erklärungskraft des Faktors Staatsgröße (als notwendiges Merkmal) kann vermutlich dann besonders gut analysiert werden, wenn die zentrale unabhängige Variable variiert (Anckar 2013, S. 17). Auf diese Weise lässt sich feststellen, ob abhängige Merkmalsausprägungen, die kausal primär mit Kleinstaatlichkeit in Verbindung gebracht werden, in größeren Ländern ebenfalls zu beobachten sind (vgl. Veenendaal 2013a, S. 97). Ist dies der Fall, muss auf Äquifinalität (King et al. 1994, S. 87) geprüft werden (vgl. Bray 1991, S. 18).

Schließlich bleibt bei einem solchen Forschungsansatz noch zu untersuchen, ob die betreffenden Phänomene in den kleinen Regierungssystemen wesentlich auf die geringe Staatsgröße zurückgeführt werden können, oder ob jeweils auch länder- bzw. kontextspezifische Faktoren maßgeblich ursächlich sind: „Es ist logisch, dass der Nachweis, y werde durch z beeinflusst, nicht bedeutet, dass x keinen Einfluss auf y ausübt" (Plümper 2012, S. 72). Im Rahmen der empirischen Analyse sollte daher versucht werden, den einschlägigen Einfluss alternativer Variablen oder zumindest den Grad an Unsicherheit (vgl. King et al. 1994, S. 199) grob abzuschätzen. Das ist jedoch oft alles andere als einfach, denn verschiedene intervenierende Faktoren weisen nicht selten mehr oder weniger starke Verbindungen oder Interdependenzen mit der Variable Kleinstaatlichkeit auf.

Forschungsdesigns „mit kleiner Fallzahl geben der Tiefe der Analyse gegenüber der Breite den Vorzug, Designs mit großer Fallzahl setzen auf Breite statt Tiefe. Folglich führt Forschung mit kleiner Fallzahl potenziell zu sehr präzisen und dichten kausalen Analyse[n] eines oder weniger Fälle auf Kosten der Verallgemeinerbarkeit der Ergebnisse" (Gschwend und Schimmelfennig 2007, S. 24–25). Quantitative Studien sind für die Überprüfung und Weiterentwicklung kleinstaatentheoretischer Annahmen wichtig, weil sie generalisierbares Wissen besser erzeugen können als small-n-Ansätze (vgl. beispielhaft Anckar, C. 2008). Allerdings besteht bei ihnen eine erhöhte Gefahr, dass kausale Mechanismen nicht richtig erfasst oder eingeschätzt werden (vgl. Veenendaal 2013a, S. 35). Fallstudien haben demgegenüber häufig das Problem „how to fit separate single cases into a more general framework and how to develop methods for moving beyond individual cases and for making individual case studies more comparable" (Anckar 2013, S. 17).

„Where quantitative research is generally more useful for studying causal effects, case studies are valuable when it comes to identifying causal mechanisms" (Veenendaal 2013a, S. 93). Manche empirische Untersuchungen kombinieren daher quantitative und qualitative Herangehensweisen bei der Analyse kleiner politischer Systeme (etwa Ott 2000). Hier können die unterschiedlichen Daten bzw. „Ergebnisse [...] schließlich zu einem kaleidoskopartigen Bild" zusammengesetzt werden (Mayring 2016, S. 148). Vor dem Hintergrund, dass es sich bei der Kleinstaatentheorie um eine eher abstrakte sozialwissenschaftliche Theorie handelt (vgl. Geser 1992, S. 632), ermöglichen die in den Kap. 5 und 6 formulierten zahlreichen Annahmen „ein X-zentriertes Design, bei dem die Forscherin die Erklärung in leichter handhabbare Theoriebausteine unterteilt, für jeden dieser Bausteine die relevanten Variablen identifiziert, und abschließend die Theoriebausteine wieder zusammenfügt" (Gschwend und Schimmelfennig 2007, S. 23).

Bei der vergleichenden Analyse einer kleinen oder mittleren Anzahl von Regierungssystemen wird oftmals grundsätzlich zwischen zwei verschiedenen Ansätzen hinsichtlich der Fallauswahl und Forschungslogik unterschieden. Most different systems-Designs ermöglichen im Idealfall Aussagen darüber, wie sich die (nahezu) einzige gemeinsame Variable Kleinstaatlichkeit bei im Übrigen völlig unterschiedlichen intervenierenden Faktoren und Kontextmerkmalen auswirkt. Most similar systems-Designs untersuchen dagegen, ob sich im Falle einer Variation der unabhängigen Variable Staatsgröße bei ansonsten gleichen oder weitgehend ähnlichen Systemmerkmalen im Hinblick auf bestimmte abhängige politische Phänomene unterschiedliche Merkmalsausprägungen ergeben (vgl. Veenendaal 2013a, S. 96, 278).

8.4.3 Einzelfallstudien

Die in die Tiefe gehende Analyse eines einzelnen Kleinstaats gestattet eine „dichte", erklärungs- und prozessorientierte Beschreibung des entsprechenden Regierungssystems (vgl. Kirt und Waschkuhn 2001, S. 46) und eine umfassende Berücksichtigung weiterer Faktoren neben der Variable

Kleinstaatlichkeit (vgl. Anckar, C. 2008, S. 83). Einzelfall-
studien haben den Vorteil, „die Mechanismen des Einflusses
der unabhängigen auf die abhängige Variable (in günstigen
Fällen) präziser zu beschreiben" (Plümper 2012, S. 76). Ott
(2000, S. 200) argumentiert, dass „many aspects of smallness,
like patterns of interaction, could not be studied through the
use of the quantitative data". Die Herausarbeitung eines einzig-
artigen, länderspezifischen Kausalmechanismus in all seiner
Komplexität ist für ein y-zentriertes Forschungsinteresse von
großer Bedeutung. Allerdings profitiert die an x-zentrierter
Generalisierung interessierte Kleinstaatentheorie hiervon in
der Regel wenig: „Scientifically, analyses should be offered for
their theoretical findings rather than for their empirical ones"
(Neumann und Gstöhl 2006, S. 28).

Bei den meisten kleinstaatentheoretischen Aussagen handelt
es sich um probabilistische Annahmen (siehe 8.3). Allerdings
gilt: „Eine Einzelfallstudie kann bestenfalls aufzeigen, dass
deterministische theoretische Aussagen falsch sind" (Plümper
2012, S. 72, kursiv im Original). Eine Möglichkeit, dennoch die
theoretische Aussagekraft einer Einzelfallstudie zu erhöhen, ist die
Arbeit mit „crucial cases", „whereby the ‚crucialness' of the case
depends on the ‚likeliness' that it is congruent with the expectations
that we can deduce from the selected theories" (Blatter und
Haverland 2012, S. 25). Häufig werden diesbezüglich „most-
likely"- und „least-likely"-Fälle unterschieden (George und Bennett
2005, S. 80). Bei einem „most-likely"-Fall ist die unabhängige
Variable Kleinstaatlichkeit so stark ausgeprägt (vgl. Veenendaal
2013a, S. 76), dass ein Ausbleiben bzw. ein Nichtvorhanden-
sein der vermuteten abhängigen Phänomene starke Zweifel an der
Erklärungskraft der theoretischen Annahme aufkommen lässt (vgl.
George und Bennett 2005, S. 121). Auf dieser Forschungslogik
basiert beispielsweise die kursorische Analyse des Mikrostaats
Liechtenstein in Kap. 7. Ein „least-likely"-Fall weist demgegenüber eine derart umfangreiche Staatsgröße auf, dass keine
abhängigen Merkmalsausprägungen erwartet werden, die zuvor
als kleinstaatenspezifisch deduziert wurden. Auf dieser Überlegung
basierte auch die Auswahl der Bundesrepublik Deutschland für den
exemplarisch kurzen Regierungssystemvergleich in Abschn. 7.4.

8.4.4 Ausblick

Es war das Hauptziel der vorliegenden Abhandlung, ein aus-
differenziertes und gut begründetes Set falsifizierbarer
Annahmen (vgl. Alesina und Spolaore 2003, S. 222) zu den
Besonderheiten kleiner Regierungssysteme zu entwickeln,
keinen „geschlossenen Kodex präziser Kausalrelationen"
(Geser 1980, S. 208). Neben diversen konzeptionellen und
methodischen Problemen (Amstrup 1976, S. 165; Fanger und
Illy 1981, S. 236) und Schwierigkeiten bei der Beschaffung
von Daten (Bray 1991, S. 119; Kocher 2002, S. 177; Lowenthal
1987, S. 31)[4] wird die politikwissenschaftliche Kleinstaaten-
und Governance-Forschung auch in Zukunft mit der Herausforderung konfrontiert sein, „dass den Kleinstaaten ein immer
breiteres Spektrum verschiedener Verhaltensoptionen und Entwicklungspfade offensteht und es dadurch immer aussichts-
loser wird, inhaltsreiche Hypothesen über den Einfluss der
Größe auf die Strukturen und Aktivitäten politischer Systeme zu
formulieren" (Geser 1992, S. 652–653).

---

[4]„In der Regel werden Daten nicht für das spezifische Forschungsinteresse
der Kleinstaaten erhoben; das heißt, dass Daten oft in theoretischen
Zusammenhängen generiert werden, die zum Kontext ihrer Verwendung
und zu einem für die Überprüfung erforderlichen theoretischen Rahmen
in keiner Beziehung stehen. Ein solcher Empirizismus, der oft nicht mehr
angeben kann, was eigentlich gemessen wird, müsste entweder durch
explizit theoriegeleitete Datenerhebung überwunden werden, oder Analysen
hätten auf eine dubios gewordene ‚Objektivität', die sich auf quantitative
Aussagen gründet, zu verzichten" (Höll 1978, S. 270).

Literatur

Abt, C. C., & Deutsch, K. W. (1993). Basic problems of small countries. In A. Waschkuhn (Hrsg.), *Kleinstaat. Grundsätzliche und aktuelle Probleme* (S. 19–30). Vaduz: Verlag der Liechtensteinischen Akademischen Gesellschaft.

Alesina, A., & Spolaore, E. (2003). *The size of nations*. Cambridge: MIT Press.

Allgäuer, T. (1989). *Die parlamentarische Kontrolle über die Regierung im Fürstentum Liechtenstein*. Vaduz: Verlag der Liechtensteinischen Akademischen Gesellschaft.

Amstrup, N. (1976). The perennial problem of small states: A survey of research efforts. *Cooperation and Conflict, 11*(2), 163–182.

Anckar, C. (2008). Size, islandness, and democracy: A global comparison. *International Political Science Review, 29*(4), 433–459.

Anckar, D. (1999). Homogeneity and smallness: Dahl and Tufte revisited. *Scandinavian Political Studies, 22*(1), 29–44.

Anckar, D. (2003). Direct democracy in microstates and small island states. *World Development, 32*(2), 379–390.

Anckar, D. (2008). Microstate democracy: Majority or consensus; diffusion or problem-solving? *Democratization, 15*(1), 67–85.

Anckar, D. (2013). Introduction II. Legislatures in small polities. In N. D. J. Baldwin (Hrsg.), *Legislatures of small states. A comparative study* (S. 12–19). London: Routledge.

Baehr, P. R. (1975). Small states: A tool for analysis? *World Politics, 27*(3), 456–466.

Baker, R. (1992). Scale and administrative performance: The governance of small states and microstates. In R. Baker (Hrsg.), *Public administration in small and island states* (S. 5–25). West Hartford: Kumarian.

Baldacchino, G. (2018). Mainstreaming the study of small states and territories. *Small States & Territories, 1*(1), 3–16.

© Springer Fachmedien Wiesbaden GmbH, ein Teil von Springer Nature 2020
S. Wolf, *Eine Governance-Theorie des Kleinstaats*,
https://doi.org/10.1007/978-3-658-30443-0

Batliner, G. (1981). *Zur heutigen Lage des liechtensteinischen Parlaments.* Vaduz: Verlag der Liechtensteinischen Akademischen Gesellschaft.

Baudenbacher, C. (2004). Kleinstaaten in einer verrechtlichten und vergerichtlichten Welt. In E. Busek & W. Hummer (Hrsg.), *Der Kleinstaat als Akteur in den Internationalen Beziehungen* (S. 213–221). Schaan: Verlag der Liechtensteinischen Akademischen Gesellschaft.

Beattie, D. (2012). *Liechtenstein. A modern history.* 2. Aufl. Triesen: van Eck.

Beck, R. (2013). *Rechtliche Ausgestaltung, Arbeitsweise und Reformbedarf des liechtensteinischen Landtags.* Schaan: Verlag der Liechtensteinischen Akademischen Gesellschaft.

Benedict, B. (1967). Sociological aspects of smallness. In B. Burton (Hrsg.), *Problems of smaller territories* (S. 45–55). London: Athlone.

Benz, A. (2004). Einleitung: Governance – Modebegriff oder nützliches sozialwissenschaftliches Konzept? In A. Benz (Hrsg.), *Governance – Regieren in komplexen Regelsystemen. Eine Einführung* (S. 11–28). Wiesbaden: VS.

Benz, A. (2007). Nationalstaat. In A. Benz, S. Lütz, U. Schimank, & G. Simonis (Hrsg.), *Handbuch Governance. Theoretische Grundlagen und empirische Anwendungsfelder* (S. 339–352). Wiesbaden: VS Verlag.

Benz, A., & Dose, N. (Hrsg.). (2010a). *Governance – Regieren in komplexen Regelsystemen. Eine Einführung.* 2. Aufl. Wiesbaden: VS Verlag.

Benz, A., & Dose, N. (2010b). Governance – Modebegriff oder nützliches sozialwissenschaftliches Konzept? In A. Benz & N. Dose (Hrsg.), *Governance – Regieren in komplexen Regelsystemen. Eine Einführung* (2. Aufl., S. 13–36). Wiesbaden: VS Verlag.

Benz, A., & Dose, N. (2010c). Von der Governance-Analyse zur Policytheorie. In A. Benz & N. Dose (Hrsg.), *Governance – Regieren in komplexen Regelsystemen. Eine Einführung* (2. Aufl., S. 251–276). Wiesbaden: VS Verlag.

Benz, A., Lütz, S., Schimank, U., & Simonis, G. (Hrsg.). (2007a). *Handbuch Governance. Theoretische Grundlagen und empirische Anwendungsfelder.* Wiesbaden: VS Verlag.

Benz, A., Lütz, S., Schimank, U., & Simonis, G. (2007b). Einleitung. In A. Benz, S. Lütz, U. Schimank, & G. Simonis (Hrsg.), *Handbuch Governance. Theoretische Grundlagen und empirische Anwendungsfelder* (S. 9–25). Wiesbaden: VS Verlag.

Bevir, M. (Hrsg.). (2011). *The SAGE handbook of governance.* Los Angeles: Sage.

Bevir, M. (2012). *Governance. A very short introduction.* Oxford: Oxford University Press.

Blatter, J., & Haverland, M. (2012). *Designing case studies. Explanatory approaches in small-N research.* Basingstoke: Palgrave Macmillan.

von Blumenthal, J. (2005). Governance – eine kritische Zwischenbilanz. *Zeitschrift für Politikwissenschaft, 15*(4), 1149–1180.

Bray, M. (1991). *Making small practical: The organisation and management of ministries of education in small states*. London: Commonwealth Secretariat Publ.

Burckhardt, J. (1982) [ca. 1868]. *Über das Studium der Geschichte. Der Text der „Weltgeschichtlichen Betrachtungen" auf Grund der Vorarbeiten von Ernst Ziegler nach den Handschriften hg. von Peter Ganz*. München: Beck.

Burris, S., Kempa, M., & Shearing, C. (2008). Changes in Governance. A Cross-disciplinary review of current scholarship. *Akron Law Review, 41*(1), 1–66.

Büsser, R. (2016). Parlamentarisches Policy-Agenda-Setting des monarchischen Staatsoberhaupts in Liechtenstein. Drei Fallbeispiele. In S. Wolf (Hrsg.), *State Size Matters. Politik und Recht im Kontext von Kleinstaatlichkeit und Monarchie* (S. 59–82). Wiesbaden: Springer VS.

Christmas-Møller, W. (1983). Some thoughts on the scientific applicability of the small state concept: A research history and a discussion. In O. Höll (Hrsg.), *Small states in Europe and dependence* (S. 35–53). Wien: Braumüller.

Corbett, J. (2018). Democratic innovations and the challenges of parliamentary oversight in a small state: Is small really beautiful? *Small States & Territories, 1*(1), 35–54.

Curmi, L. (2009). Governance and small states. *Bank of Valletta Review, 40*, 46–63.

Dahl, R. A., & Tufte, E. R. (1974). *Size and democracy*. London: Stanford University Press.

Dörnemann, S. (2003). *Politik und Verwaltung in Mikrostaaten. Mit besonderem Bezug zu Liechtenstein*. Diplom-Arbeit. Konstanz: Universität Konstanz.

Eccardt, T. M. (2005). *Secrets of the seven smallest states of Europe. Andorra, Liechtenstein, Luxembourg, Malta, Monaco, San Marino and Vatican City*. New York: Hippocrene Books.

Eisenstadt, S. N. (1977). Soziologische Merkmale und Probleme kleiner Staaten. *Schweizerische Zeitschrift für Soziologie, 3*(1), 67–85.

Fanger, U., & Illy, H. F. (1981). Entwicklung und Verwaltung in der Karibik. Kleinstaaten und ihre administrativen Probleme. In D. Oberndörfer (Hrsg.), *Verwaltung in der Dritten Welt. Problemskizzen, Fallstudien, Bibliographie* (S. 235–272). Berlin: Duncker & Humblot.

Fischer, M. (2011). *Entscheidungsstrukturen in der Schweizer Politik zu Beginn des 21. Jahrhunderts*. Dissertation. Genf: Universität Genf.

Frick-Tabarelli, M. (2013). Liechtenstein I. The parliament of the principality of Liechtenstein. In N. D. J. Baldwin (Hrsg.), *Legislatures of small states. A comparative study* (S. 56–64). London: Routledge.

Friese, K. (2011). *Die europäischen Mikrostaaten und ihre Integration in die Europäische Union. Andorra, Liechtenstein, Monaco, San Marino und Vatikanstadt auf dem Weg in die EU?* Berlin: Duncker & Humblot.

Frommelt, C. (2011a). Europäisierung der Landtagsarbeit. *Arbeitspapiere Liechtenstein-Institut* Nr. 29.

Frommelt, C. (2011b). Europäisierung der liechtensteinischen Rechtsordnung. *Arbeitspapiere Liechtenstein-Institut* Nr. 28.

Frommelt, C. (2016a). Landtags- und Regierungstätigkeit in den 1970er-Jahren und heute – ein Vergleich. In Liechtenstein-Institut, Historischer Verein für das Fürstentum Liechtenstein, Kunstmuseum Liechtenstein (Hrsg.), *„Wer Bescheid weiss, ist bescheiden". Festschrift zum 90. Geburtstag von Georg Malin* (S. 291–312). Bendern: Verlag der Liechtensteinischen Akademischen Gesellschaft.

Frommelt, C. (2016b). Liechtenstein's tailor-made arrangements in the EEA: A small state's creative solutions in European integration. In S. Wolf (Hrsg.), *State Size Matters. Politik und Recht im Kontext von Kleinstaatlichkeit und Monarchie* (S. 131–159). Wiesbaden: Springer VS.

Gantner, M., & Eibl, J. (1999). *Öffentliche Aufgabenerfüllung im Kleinstaat. Das Beispiel Fürstentum Liechtenstein*. Vaduz: Verlag der Liechtensteinischen Akademischen Gesellschaft.

George, A. L., & Bennett, A. (2005). *Case studies and theory development in the social sciences*. Cambridge: MIT Press.

Geser, H. (1980). Kleine Sozialsysteme: Strukturmerkmale und Leistungskapazitäten. Versuch einer theoretischen Integration. *Kölner Zeitschrift für Soziologie und Sozialpsychologie, 32*(2), 205–239.

Geser, H. (1981). *Bevölkerungsgrösse und Staatsorganisation. Kleine Kantone im Lichte ihrer öffentlichen Budgetstruktur, Verwaltung und Rechtsetzung*. Bern: Peter Lang.

Geser, H. (1991). Kleine Sozialsysteme – ein soziologisches Erklärungsmodell der Konkordanzdemokratie? In H. Michalsky (Hrsg.), *Politischer Wandel in konkordanzdemokratischen Systemen* (S. 93–121). Vaduz: Verlag der Liechtensteinischen Akademischen Gesellschaft.

Geser, H. (1992). Kleinstaaten im internationalen System. *Kölner Zeitschrift für Soziologie und Sozialpsychologie, 44*(4), 627–654.

Geser, H. (1993). Ausgangspunkte zu einer Soziologie kleiner Staaten: Drei systemtheoretische Perspektiven. In A. Waschkuhn (Hrsg.), *Kleinstaat. Grundsätzliche und aktuelle Probleme* (S. 37–70). Vaduz: Verlag der Liechtensteinischen Akademischen Gesellschaft.

Geser, H. (2001). Was ist eigentlich ein Kleinstaat? In R. Kirt & A. Waschkuhn (Hrsg.), *Kleinstaaten-Kontinent Europa. Probleme und Perspektiven* (S. 89–100). Baden-Baden: Nomos.

Geser, H. (2004). Über die historische Entwicklung und Stellung kleiner Staaten. In E. Busek & W. Hummer (Hrsg.), *Der Kleinstaat als Akteur in den Internationalen Beziehungen* (S. 133–154). Schaan: Verlag der Liechtensteinischen Akademischen Gesellschaft.

Geser, H., & Höpflinger, F. (1976). Probleme der strukturellen Differenzierung in kleinen Gesellschaften. Ein soziologischer Beitrag zur Theorie des Kleinstaates. *Schweizerische Zeitschrift für Soziologie*, *2*(2), 27–54.

Grande, E. (2012). Governance-Forschung in der Governance-Falle? – Eine kritische Bestandsaufnahme. *Politische Vierteljahresschrift, 53*(4), 565–592.

Gschwend, T., & Schimmelfennig, F. (2007). Forschungsdesign in der Politikwissenschaft: Ein Dialog zwischen Theorie und Daten. In T. Gschwend & F. Schimmelfennig (Hrsg.), *Forschungsdesign in der Politikwissenschaft. Probleme – Strategien – Anwendungen* (S. 13–35). Frankfurt a. M.: Campus.

Gstöhl, S. (2001). *Flexible Integration für Kleinstaaten? Liechtenstein und die Europäische Union*. Vaduz: Verlag der Liechtensteinischen Akademischen Gesellschaft.

Gstöhl, S., & Frommelt, C. (2011). Liechtenstein vor der Herausforderung der Europäisierung. In Liechtenstein-Institut (Hrsg.), *25 Jahre Liechtenstein-Institut (1986–2011)* (S. 171–200). Schaan: Verlag der Liechtensteinischen Akademischen Gesellschaft.

Häberle, P. (1993). Der Kleinstaat als Variante des Verfassungsstaates. In A. Waschkuhn (Hrsg.), *Kleinstaat. Grundsätzliche und aktuelle Probleme* (S. 121–176). Vaduz: Verlag der Liechtensteinischen Akademischen Gesellschaft.

Harden, S. (Hrsg.). (1985). *Small is dangerous. Micro states in a macro world*. New York: St. Martin's.

Heeb, F. J. (1998). *Der Staatshaushalt des Fürstentums Liechtenstein. Institutionelle Analyse der Ausgabenentwicklung: Beschreibung der rechtlichen, finanziellen und organisatorischen Rahmenbedingungen und Zusammenhänge*. Vaduz: Verlag der Liechtensteinischen Akademischen Gesellschaft.

Hein, P. (1985). The study of microstates. In E. Dommen & P. Hein (Hrsg.), *States, microstates and islands* (S. 16–29). London: Croom Helm.

Héritier, A. (2016). „Rigour versus Relevance"? Methodological discussions in political science. *Politische Vierteljahresschrift, 57*(1), 11–26.

Hoch, H. (1989). Konkordanz- und Konkurrenzdemokratie in Bezug auf Liechtenstein. *Liechtensteinische Juristen-Zeitung, 10*(3), 77–81.

Hoch, H. (1994). Verfassung- und Gesetzgebung. In G. Batliner (Hrsg.), *Die liechtensteinische Verfassung 1921. Elemente der staatlichen Organisation* (S. 201–229). Vaduz: Verlag der Liechtensteinischen Akademischen Gesellschaft.

Hoffmann, A. M. (2016). (Un-)Abhängige Staatlichkeit? Der Mikrostaat als internationaler Akteur. Kleinstaatlichkeit und das Entscheidungsverhalten ostkaribischer Inselstaaten in der internationalen Politik. In S. Wolf (Hrsg.), *State Size Matters. Politik und Recht im Kontext von Kleinstaatlichkeit und Monarchie* (S. 251–275). Wiesbaden: Springer VS.

Höll, O. (1978). Kritische Anmerkungen zur Kleinstaatentheorie. *Österreichische Zeitschrift für Politikwissenschaft, 7*(3), 259–273.

Höll, O. (1983). Introduction: Towards a broadening of the small states perspective. In O. Höll (Hrsg.), *Small states in Europe and dependence* (S. 13–31). Wien: Braumüller.

Ingebritsen, C. (2006). Conclusion. Learning from lilliput. In C. Ingebritsen, I. B. Neumann, S. Gstöhl, & J. Beyer (Hrsg.), *Small states in international relations* (S. 286–291). Seattle und Reykjavik: University of Washington Press und University of Iceland Press.

Ingebritsen, C., Neumann, I. B., Gstöhl, S., & Beyer, J. (Hrsg.). (2006). *Small states in international relations*. Seattle und Reykjavik: University of Washington Press und University of Iceland Press.

King, G., Keohane, R. O., & Verba, S. (1994). *Designing social inquiry. Scientific inference in qualitative research*. Princeton: Princeton University Press.

Kirt, R., & Waschkuhn, A. (2001). Was ist und zu welchem Zwecke betreibt man Kleinstaaten-Forschung? Ein Plädoyer für die wissenschaftliche Beschäftigung mit kleinen Nationen. In R. Kirt & A. Waschkuhn (Hrsg.), *Kleinstaaten-Kontinent Europa. Probleme und Perspektiven* (S. 23–46). Baden-Baden: Nomos.

Kocher, M. (2002). *Very small countries: Economic success against all odds*. Schaan: Verlag der Liechtensteinischen Akademischen Gesellschaft.

Kocher, M. (2004). Aussenabhängigkeit und der öffentliche Sektor von Kleinstaaten. In E. Busek & W. Hummer (Hrsg.), *Der Kleinstaat als Akteur in den Internationalen Beziehungen* (S. 170–189). Schaan: Verlag der Liechtensteinischen Akademischen Gesellschaft.

Kohr, L. (1978) [1957]. *The breakdown of Nations*. New York: Dutton.

Kohr, L. (1995). *„Small is beautiful". Ausgewählte Schriften aus dem Gesamtwerk*. Wien: Deuticke.

Kramer, H. (1993). Kleinstaaten-Theorie und Kleinstaaten-Aussenpolitik in Europa. In A. Waschkuhn (Hrsg.), *Kleinstaat. Grundsätzliche und aktuelle Probleme* (S. 247–259). Vaduz: Verlag der Liechtensteinischen Akademischen Gesellschaft.

Lange, S., & Schimank, U. (2004). Governance und gesellschaftliche Integration. In S. Lange & U. Schimank (Hrsg.), *Governance und gesellschaftliche Integration* (S. 9–44). Wiesbaden: VS Verlag.

Lehmbruch, G. (1991). Das konkordanzdemokratische Modell in der vergleichenden Analyse politischer Systeme. In H. Michalsky (Hrsg.), *Politischer Wandel in konkordanzdemokratischen Systemen* (S. 13–24). Vaduz: Verlag der Liechtensteinischen Akademischen Gesellschaft.

Lehmbruch, G. (2000). *Parteienwettbewerb im Bundesstaat. Regelsysteme und Spannungslagen im politischen System der Bundesrepublik Deutschland*. 3. Aufl. Wiesbaden: Westdeutscher Verlag.

Levi-Faur, D. (Hrsg.). (2012). *Oxford handbook of governance*. Oxford: Oxford University Press.

Lowenthal, D. (1987). Social features. In C. Clarke & T. Payne (Hrsg.), *Politics, security and development in small states* (S. 26-49). London: Allen & Unwin.

Łukaszewski, M. (2015). Microstate and monarchy in the face of the challenges of the modern world. The political system of Liechtenstein and its specifity (an outline of the problem). *Przegląd Politologiczny, 20*(3), 93–102.

Maass, M. (2009). The elusive definition of the small state. *International Politics, 46*(1), 65–83.

Marcinkowski, F., & Marxer, W. (2010). *Öffentlichkeit, öffentliche Meinung und direkte Demokratie. Eine Fallstudie zur Verfassungsreform in Liechtenstein.* Schaan: Verlag der Liechtensteinischen Akademischen Gesellschaft.

Marxer, W. (2000). *Wahlverhalten und Wahlmotive im Fürstentum Liechtenstein.* Vaduz: Verlag der Liechtensteinischen Akademischen Gesellschaft.

Marxer, W. (2004). *Medien in Liechtenstein. Strukturanalyse der Medienlandschaft in einem Kleinstaat.* Schaan: Verlag der Liechtensteinischen Akademischen Gesellschaft.

Marxer, W. (2007). „Patterns of Democracy" – Der Fall Liechtenstein. *Arbeitspapiere Liechtenstein-Institut* Nr. 16.

Marxer, W. (2008). Der liechtensteinische Parlamentarismus heute. *Arbeitspapiere Liechtenstein-Institut* Nr. 21.

Marxer, W. (2011). Wahlverhalten und Wahlforschung in Liechtenstein seit 1986. In Liechtenstein-Institut (Hrsg.), *25 Jahre Liechtenstein-Institut (1986-2011)* (S. 267–292). Schaan: Verlag der Liechtensteinischen Akademischen Gesellschaft.

Marxer, W. (2013). Liechtenstein II. Parliamentarism in a complex political system. In N. D. J. Baldwin (Hrsg.), *Legislatures of small states. A comparative study* (S. 65–73). London: Routledge.

Marxer, W. (2014). Entwicklung der direkten Demokratie in Liechtenstein. In A. Balthasar, P. Bussjäger & K. Poier (Hrsg.), *Herausforderung Demokratie. Themenfelder: Direkte Demokratie, e-Democracy und übergeordnetes Recht* (S. 3–14). Wien: Jan Sramek.

Marxer, W. (2015). Parteien im Wandel. In M. Frick, M. Ritter, & A. Willi (Hrsg.), *Ein Bürger im Dienst für Staat und Wirtschaft. Festschrift zum 70. Geburtstag von Hans Brunhart* (S. 241–270). Schaan: Verlag der Liechtensteinischen Akademischen Gesellschaft.

Marxer, W. (2017). Brennpunkt Verfassung: Volksabstimmungen über die liechtensteinische Verfassung seit 1919. In Liechtenstein-Institut, Historischer Verein für das Fürstentum Liechtenstein (Hrsg.), *Geschichte erforschen – Geschichte vermitteln. Festschrift zum 75. Geburtstag von Peter Geiger und Rupert Quaderer* (S. 129–157). Bendern: Verlag der Liechtensteinischen Akademischen Gesellschaft.

Marxer, W., & Pállinger, Z. T. (2009). Die politischen Systeme Andorras, Liechtensteins, Monacos, San Marinos und des Vatikan. In W. Ismayr (Hrsg.), *Die politischen Systeme Westeuropas* (4. Aufl., S. 901–955). Wiesbaden: VS Verlag.

Masala, C. (2004). Schwimmende Politeia? Demokratische Mikroinseln im Südpazifik und in der Karibik. *Politische Vierteljahresschrift, 45*(2), 237–258.

Mayntz, R. (2004). Governance im modernen Staat. In A. Benz (Hrsg.), *Governance – Regieren in komplexen Regelsystemen. Eine Einführung* (S. 65–76). Wiesbaden: VS Verlag.

Mayntz, R. (2006). Governance Theory als fortentwickelte Steuerungstheorie? In G. F. Schuppert (Hrsg.), *Governance-Forschung. Vergewisserung über Stand und Entwicklungslinien* (2. Aufl., S. 11–20). Nomos: Baden-Baden.

Mayntz, R. (2010). Governance im modernen Staat. In A. Benz & N. Dose (Hrsg.), *Governance – Regieren in komplexen Regelsystemen. Eine Einführung* (2. Aufl., S. 37–48). Wiesbaden: VS Verlag.

Mayring, P. (2016). *Einführung in die qualitative Sozialforschung. Eine Anleitung zu qualitativem Denken.* 6. Aufl. Weinheim: Beltz.

Meckler, M. A. (2006). *Der Kleinstaat im Völkerrecht. Das Fürstentum Liechtenstein im Spannungsfeld zwischen Souveränität und kleinstaatenspezifischen Funktionsdefiziten.* Frankfurt a. M.: Peter Lang.

Michalsky, H. (1990). Handlungsbedingungen von Parteien im Kleinstaat Liechtenstein. In P. Geiger & A. Waschkuhn (Hrsg.), *Liechtenstein: Kleinheit und Interdependenz* (S. 257–275). Vaduz: Verlag der Liechtensteinischen Akademischen Gesellschaft.

Michalsky, H. (Hrsg.). (1991a). *Politischer Wandel in konkordanzdemokratischen Systemen.* Vaduz: Verlag der Liechtensteinischen Akademischen Gesellschaft.

Michalsky, H. (1991b). Liechtenstein: Konkordanzdemokratie und Parteienwettbewerb. In H. Michalsky (Hrsg.), *Politischer Wandel in konkordanzdemokratischen Systemen* (S. 133–157). Vaduz: Verlag der Liechtensteinischen Akademischen Gesellschaft.

Murray, D. J. (1981). Microstates: Public administration for the small and beautiful. *Public Administration and Development, 1*(3), 245–256.

Neumann, I. B., & Gstöhl, S. (2006). Introduction. Lilliputians in Gulliver's world? In C. Ingebritsen, I. B. Neumann, S. Gstöhl, & J. Beyer (Hrsg.), *Small states in international relations* (S. 3–36). Seattle und Reykjavik: University of Washington Press und University of Iceland Press.

Newton, K., & van Deth, J. W. (2010). *Foundations of comparative politics.* 2. Aufl. Cambridge: Cambridge University Press.

Niedermann, D. J. (1973). Die Bedeutung der Staatskriterien für den Kleinstaat. In Liechtensteinische Akademische Gesellschaft (Hrsg.), *Beiträge zur liechtensteinischen Staatspolitik* (S. 75–92). Vaduz: Verlag der Liechtensteinischen Akademischen Gesellschaft.

Offe, C. (2008). „Empty signifier" oder sozialwissenschaftliches Forschungsprogramm? In G. F. Schuppert & M. Zürn (Hrsg.), *Governance in einer sich wandelnden Welt*. PVS-Sonderheft 41 (S. 61–76). Wiesbaden: VS Verlag für Sozialwissenschaften.

Ott, D. (2000). *Small is democratic. An examination of state size and democratic development*. New York: Garland.

Pfusterschmid-Hardtenstein, H. (2001). *Kleinstaat. Keinstaat?* Wien: Böhlau.

Plümper, T. (2012). *Effizient schreiben. Leitfaden zum Verfassen von Qualifizierungsarbeiten und wissenschaftlichen Texten*. 3. Aufl. München: Oldenbourg.

Popper, K. R. (2000). *Lesebuch. Ausgewählte Texte zu Erkenntnistheorie, Philosophie der Naturwissenschaften, Metaphysik, Sozialphilosophie, hg. von David Miller*. Tübingen: Mohr.

Rapaport, J., Muteba, E., & Therattil, J. J. (1971). *Small states & territories. status and problems. A UNITAR study*. New York: Arno Press.

Richards, J. (1982). Politics in small independent communities: Conflict or consensus? *Journal of Commonwealth and Comparative Politics, 20*(2), 155–171.

Richards, J. (1990). Micro-states: A specific form of polity? *Politics, 10*(1), 40–46.

Riklin, A. (1987). Liechtensteins politische Ordnung als Mischverfassung. In Verlag der Liechtensteinischen Akademischen Gesellschaft (Hrsg.), *Eröffnung des Liechtenstein-Instituts* (S. 20–37). Vaduz: Verlag der Liechtensteinischen Akademischen Gesellschaft.

Ritter, M. (1991). Die Organisation des Gesetzgebungsverfahrens in Liechtenstein. *Liechtensteinische Juristen-Zeitung, 12*(2), 71–77.

Rothschild, K. W. (1993). Liechtenstein ist ein kleiner Staat – na und? Gedankensplitter zum Kleinheitsthema. In A. Riklin, L. Wildhaber, & H. Wille (Hrsg.), *Kleinstaat und Menschenrechte. Festgabe für Gerard Batliner zum 65. Geburtstag* (S. 27–42). Vaduz: Verlag der Liechtensteinischen Akademischen Gesellschaft.

Rush, M. (2013). Conclusion. Legislatures – does size matter? In N. D. J. Baldwin (Hrsg.), *Legislatures of small states. A comparative study* (S. 175–187). London: Routledge.

Sartori, G. (1970). Concept misformation in comparative politics. *American Political Science Review, 64*(4), 1033–1053.

Schiess Rütimann, P. M. (2013). Die politische Verantwortung des Landesfürsten. In H. Schumacher & W. Zimmermann (Hrsg.), *90 Jahre Fürstlicher Oberster Gerichtshof. Festschrift für Gert Delle Karth* (S. 829–845). Wien: Jan Sramek.

Schneider, G. (2011). How to avoid the seven deadly sins of academic writing. *European Political Science, 10*(3), 337–345.

Schumacher, E. F. (1989). *Small is beautiful. Economics as if people mattered*. New York: Harper & Row.

Schuppert, G. F. (Hrsg.). (2006a). *Governance-Forschung. Vergewisserung über Stand und Entwicklungslinien*. 2. Aufl. Baden-Baden: Nomos.

Schuppert, G. F. (2006b). Governance im Spiegel der Wissenschaftsdisziplinen. In G. F. Schuppert (Hrsg.), *Governance-Forschung. Vergewisserung über Stand und Entwicklungslinien* (2. Aufl., S. 371–469). Baden-Baden: Nomos.

Schuppert, G. F. (2011). *Alles Governance oder was?* Baden-Baden: Nomos.

Schuppert, G. F., & Zürn, M. (Hrsg.). (2008). *Governance in einer sich wandelnden Welt*. PVS-Sonderheft 41. Wiesbaden: VS Verlag für Sozialwissenschaften.

Seiler, M.-R. (1995). *Kleinstaaten im Europarat. Fallstudien zu Island, Liechtenstein, Luxemburg, Malta und San Marino*. Bamberg: Difo.

Seiler, M.-R. (2004). Kleinstaaten im Europarat. In E. Busek & W. Hummer (Hrsg.), *Der Kleinstaat als Akteur in den Internationalen Beziehungen* (S. 292–317). Schaan: Verlag der Liechtensteinischen Akademischen Gesellschaft.

Senghaas, D. (2010). Rettung durch den Kleinstaat?! Überlegungen zum „Anti-Leviathan"-Leitmotiv im Werk von Leopold Kohr. *Leviathan, 38*(2), 251–267.

Steinmetz, R., & Wivel, A. (2010). Introduction. In R. Steinmetz & A. Wivel (Hrsg.), *Small states in Europe. Challenges and opportunities* (S. 3–14). Farnham und Burlington: Ashgate.

Streeten, P. (1993). The special problems of small countries. *World Development, 21*(2), 197–202.

Sutton, P. (1987). Political aspects. In C. Clarke & T. Payne (Hrsg.), *Politics, security and development in small states* (S. 3–25). London: Allen & Unwin.

Thorhallsson, B. (2004). Can small states influence policy in an EU of 25 members? In E. Busek & W. Hummer (Hrsg.), *Der Kleinstaat als Akteur in den Internationalen Beziehungen* (S. 330–347). Schaan: Verlag der Liechtensteinischen Akademischen Gesellschaft.

Thorhallsson, B. (2018). Studying small states: A review. *Small States & Territories, 1*(1), 17–34.

Thürer, D. (2015). Dimensionen der Kleinstaatlichkeit. In M. Frick, M. Ritter & A. Willi (Hrsg.), *Ein Bürger im Dienst für Staat und Wirtschaft. Festschrift zum 70. Geburtstag von Hans Brunhart* (S. 135–146). Schaan: Verlag der Liechtensteinischen Akademischen Gesellschaft.

van Kersbergen, K., & van Waarden, F. (2004). „Governance" as a bridge between disciplines: Cross-disciplinary inspiration regarding shifts in governance and problems of governability, accountability and legitimacy. *European Journal of Political Research, 43*(2), 143–171.

Veenendaal, W. (2013a). *Politics and democracy in microstates. A comparative analysis of the effects of size on contestation and inclusiveness*. Dissertation. Leiden: Universität Leiden.

Veenendaal, W. (2013b). Size and personalistic politics: Characteristics of political competition in four microstates. *The Round Table, 102*(3), 245–257.

Veenendaal, W. (2015). A big prince in a tiny realm: Smallness, monarchy, and political legitimacy in the principality of Liechtenstein. *Swiss Political Science Review, 21*(2), 333–349.

Veenendaal, W., & Wolf, S. (2016). Concluding remarks: achievements, challenges, and opportunities of small state research. In S. Wolf (Hrsg.), *State size matters. Politik und Recht im Kontext von Kleinstaatlichkeit und Monarchie* (S. 277–284). Wiesbaden: Springer VS.

Vielgrader, M. (2009). *Mikrostaaten in Europa. Ein Paradoxon im Zeitalter von Interdependenz und Globalisierung?* Saarbrücken: Südwestdeutscher Verlag für Hochschulschriften.

Wald, A., & Jansen, D. (2007). Netzwerke. In A. Benz, S. Lütz, U. Schimank, & G. Simonis (Hrsg.), *Handbuch Governance. Theoretische Grundlagen und empirische Anwendungsfelder* (S. 93–105). Wiesbaden: VS Verlag.

Walk, H. (2008). *Partizipative Governance. Beteiligungsformen und Beteiligungsrechte im Mehrebenensystem der Klimapolitik.* Wiesbaden: VS Verlag.

Warrington, E. (1998). Introduction. Gulliver and Lilliput in a new world order: The impact of external relations on the domestic policies and institutions of micro-states. *Public Administration and Development, 18*(2), 101–105.

Waschkuhn, A. (1989). Die Mischverfassung Liechtensteins. *Liechtensteinische Juristen-Zeitung, 10*(1), 9–12.

Waschkuhn, A. (1990a). Strukturbedingungen und Entwicklungsprobleme des Kleinstaates. *Schweizerisches Jahrbuch für Politische Wissenschaft, 30,* 137–155.

Waschkuhn, A. (1990b). Strukturbedingungen des Kleinstaates und ihre Auswirkungen auf den politischen Entscheidungsprozess. In P. Geiger & A. Waschkuhn (Hrsg.), *Liechtenstein: Kleinheit und Interdependenz* (S. 13–49). Vaduz: Verlag der Liechtensteinischen Akademischen Gesellschaft.

Waschkuhn, A. (1993a). Politisches System Liechtensteins. In A. Waschkuhn (Hrsg.), *Kleinstaat. Grundsätzliche und aktuelle Probleme* (S. 267–280). Vaduz: Verlag der Liechtensteinischen Akademischen Gesellschaft.

Waschkuhn, A. (1993b). Small state theory and microstates. In F. R. Pfetsch (Hrsg.), *International relations and pan-europe. Theoretical approaches and empirical findings* (S. 149–158). Münster und Hamburg: Lit.

Waschkuhn, A. (1993c). Einleitung. In A. Waschkuhn (Hrsg.), *Kleinstaat. Grundsätzliche und aktuelle Probleme* (S. 7–16). Vaduz: Verlag der Liechtensteinischen Akademischen Gesellschaft.

Waschkuhn, A. (1994). *Politisches System Liechtensteins: Kontinuität und Wandel.* Vaduz: Verlag der Liechtensteinischen Akademischen Gesellschaft.

Waschkuhn, A. (2003). Die politischen Systeme Andorras, Liechtensteins, Monacos, San Marinos und des Vatikan. In W. Ismayr (Hrsg.), *Die politischen Systeme Westeuropas* (3. Aufl., S. 759–777). Opladen: Leske & Budrich.

Weber, M. (1972). *Wirtschaft und Gesellschaft. Grundriss der verstehenden Soziologie.* 5. Aufl. Tübingen: Mohr.

Wettenhall, R. (2018). A journey through small state governance. *Small States & Territories, 1*(1), 111–128.

Wille, H. (2015). *Die liechtensteinische Staatsordnung. Verfassungsgeschichtliche Grundlagen und oberste Organe.* Schaan: Verlag der Liechtensteinischen Akademischen Gesellschaft.

Wolf, S. (2011). Korruption und Kleinstaat. Elemente einer Theorie. *Swiss Political Science Review, 17*(1), 51–74.

Wolf, S. (2013). Elemente einer makropolitischen Theorie des Kleinstaats. *Arbeitspapiere Liechtenstein-Institut* Nr. 42.

Wolf, S. (2015). Different approaches, different results in small state studies: complementary views on the monarchy and traditional governance in Liechtenstein. *Swiss Political Science Review, 21*(2), 350–361.

Wolf, S. (2016a). Die Erforschung von Politik und Recht in Kleinstaat und Monarchie – Eine konzeptionelle Einführung. In S. Wolf (Hrsg.), *State size matters. Politik und Recht im Kontext von Kleinstaatlichkeit und Monarchie* (S. 1–12). Wiesbaden: Springer VS.

Wolf, S. (2016b). Governance in small state legislatures. A theoretical framework and the case of Liechtenstein. In S. Wolf (Hrsg.), *State size matters. Politik und Recht im Kontext von Kleinstaatlichkeit und Monarchie* (S. 83–97). Wiesbaden: Springer VS.

Wolf, S. (Hrsg.). (2016c). *State Size Matters. Politik und Recht im Kontext von Kleinstaatlichkeit und Monarchie.* Wiesbaden: Springer VS.

Wolf, S. (2018). *Das politische System Deutschlands für Dummies.* Weinheim: Wiley.

Wolf, S. (2020). *Governance im Kleinstaat. Theorie und Empirie von Regelungsmechanismen in der liechtensteinischen Gesetzgebung.* https://doi.org/10.13140/rg.2.2.21876.71040. https://www.researchgate.net/publication/340454676_Governance_im_Kleinstaat.

Wolf, S., Bussjäger, P., & Schiess Rütimann, P. M. (2018). Law, small state theory and the case of Liechtenstein. *Small States & Territories, 1*(2), 183–196.

Zürn, M. (2008). Governance in einer sich wandelnden Welt – eine Zwischenbilanz. In G. F. Schuppert & M. Zürn (Hrsg.), *Governance in einer sich wandelnden Welt.* PVS-Sonderheft 41 (S. 553–580). Wiesbaden: VS Verlag für Sozialwissenschaften.

Sebastian Wolf *Hrsg.*

State Size Matters

Politik und Recht im Kontext von Kleinstaatlichkeit und Monarchie

Springer VS

The manufacturer's authorised representative in the EU is Springer
Nature Customer Service Centre GmbH, Europaplatz 3, 69115 Heidelberg,
Germany. If you have any concerns regarding our products, please
contact ProductSafety@springernature.com

Printed and bound by CPI Group (UK) Ltd, Croydon, CR0 4YY
28/04/2026
02098481-0001